Ana Isabel Ballesteros Dorado

VETOS Y VÍTORES EN LA ESCENA

Manuel Bretón de los Herreros y la vida teatral madrileña

(1840-1841)

Granada, 2025

COMARES LITERATURA

La investigación base de este libro se ha realizado gracias a una ayuda al proyecto «El teatro de Manuel Bretón de los Herreros durante la regencia de Espartero (1840-1843)» del Gobierno de La Rioja y el Instituto de Estudios Riojanos, obtenida en la convocatoria competitiva para estudios de temática riojana de 2019.

La publicación de este volumen ha sido posible gracias a las ayudas de la Fundación San Pablo CEU en 2025, a través del grupo de investigación consolidado TESTAF.

Diseño de cubierta y maquetación: Miriam L. Puerta

Imágenes de portada: Dcha., ilustración de cabecera de la revista *El Entreacto* (1839-1841). Izq., detalle del retrato de Manuel Bretón de los Herreros, por Antonio Gómez y Cros. 1839. Litografiado por Bachiller. Biblioteca Nacional de España. Imagen de solapa: Ilustración de la actriz Matilde Díez y de Carlos Latorre, grabado de Vicente Castelló inserto en la revista *El Laberinto* (15 de enero, 1845). Biblioteca Nacional de España.

© Editorial Comares, 2025
Polígono Juncaril
C/ Baza, parcela 208
18220 • Albolote (Granada)
Tlf.: 958 465 382
http://www.editorialcomares.com • E-mail: libreriacomares@comares.com
https://www.facebook.com/Comares • https://twitter.com/comareseditor

ISBN: 979-13-7033-016-3 • Depósito Legal: Gr. 1580/2025

Impresión y encuadernación: COMARES

Sumario

PREÁMBULO

Los numerosos trabajos publicados desde mediados del siglo xix hasta hoy en torno al quehacer de Manuel Bretón de los Herreros y la necesaria alusión a él en los estudios relativos a otros autores y temas de su época suponen síntomas del lugar preeminente que ocupa este autor en el panorama teatral de la España decimonónica.

Varios son los planos en los que sigue suscitando interés: como expositor de las costumbres de su época, como reflector del modo de vivirse la política y las circunstancias históricas en la vida cotidiana española, como defensor de determinados patrones de actitud o de comportamiento, pero también como promotor o primer cultivador de géneros de espectáculo. Tales aspectos, unidos a las técnicas empleadas en la confección de sus obras, contribuyeron a asentar o a configurar, por un lado, unos perfiles de pensamiento y actuación social, familiar y personal y, por otro, un tipo de dramaturgia. Los aplausos con que los espectadores de todo el mundo hispánico, y no solo español, premiaron los esfuerzos del riojano favorecieron el convertirse en una fuente de influencia para otros escritores. Por todo esto, profundizar y aportar datos y pruebas documentales no exhumadas hasta el momento que contribuyan a entender los rasgos más valorables de este escritor, así como la recepción del público y de la crítica, significa también aportar información trascendental para el conocimiento del teatro español y de la sociedad de su época.

Las investigaciones realizadas en los siglos xx y xxi por un nutrido número de especialistas en el periodo y particularmente en Bretón de los Herreros han situado a este autor de modo acertado en el conjunto de la producción literaria del momento y han establecido sus bases dramáticas y recursos esenciales. Debe seguir contándose con todos estos trabajos, que facilitan en gran medida las tareas aún por realizar para obtener una imagen cabal de la actividad del escritor y también de la vida teatral y, en general, social y cultural de su tiempo.

Después de los diversos estudios del siglo XIX en torno a nuestro comediógrafo, entre ellos la inestimable biografía escrita por Mariano Roca de Togores,
todos ellos referenciados en los trabajos de Flynn y, más tarde, en el más com-
pleto de Miret,[1] la atención dedicada a Bretón de los Herreros ha traído consigo
nuevas indagaciones.

Debe partirse de Georges Le Gentil, quien procuró establecer hasta qué
punto reflejaba la sociedad de las diferentes clases, urbanas y provincianas, sobre todo en lo moral y en las costumbres, así como su tratamiento de asuntos
concretos, como eran la política o el ejército. Igualmente, los vínculos con la
estética de su tiempo y sus parecidos con otros escritores, su forma de crear personajes y de generar humor.[2] Le siguen los estudios recogidos en 1947 en la revista *Berceo* y, después, deben estimarse las diversas contribuciones de Ermanno
Caldera, quien, en muchos casos, trató a nuestro comediógrafo como paradig-
ma.[3] A ellos se suma la exploración de las fórmulas del teatro bretoniano debida
a Garelli, unida a su examen de piezas originales concretas y de traducciones.[4]

Alimentada por esta tradición crítica, Zatlin situó a nuestro comediógrafo
entre el sainetero don Ramón de la Cruz y el género chico del último tercio del
siglo, como un adaptador de la comedia antigua española y como continuador
de la nueva manera moratiana, al tiempo que hizo notar paralelismos entre su
costumbrismo y el de don Ramón de Mesonero Romanos. En ninguno de los
casos quedaba aparte la burla o la sátira de determinados tipos, situaciones o
corrientes literarias.[5]

Lejanas ya en el tiempo, aunque aún vigentes en sus juicios, las ediciones
de las obras más significativas debidas a Eduardo Juliá Martínez, Narciso Alonso
Cortés, José Hesse, José Montero Padilla, Francisco Serrano o las obras reunidas

[1]   FLYNN, Gerard, «Una bibliografía anotada sobre Manuel Bretón de los Herreros», *Berceo*,
91 (1976), pp. 167-194; MIRET, Pau, *Las ideas teatrales de M. Bretón de los Herreros*, Logroño, Instituto
de Estudios Riojanos, 2004, pp. 19-39.

[2]   LE GENTIL, Georges, *Le poète Manuel Bretón de los Herreros et la société espagnole de 1830 à
1860,* Paris, Librairie Hachette et Cie, 1909.

[3]   Entre ellos, CALDERA, Ermanno, *La commedia romantica in Spagna*, Pisa, Giardini, 1978;
ÍDEM, *Il dramma romantico in Spagna*, Pisa, Università, 1974; ÍDEM, *El teatro español en la época romántica*, Madrid, Castalia, 2001; ÍDEM, «Calderón desfigurado (Sobre las representaciones calderonia-
nas en la época prerromántica)», *Anales de Literatura Española*, 2 (1983), pp. 57-81; ÍDEM, «Bretón
o la negación del modelo», *Cuadernos de Teatro Clásico*, 4 (1990), pp. 141-153; ÍDEM, «Ciudad y
campo en el teatro bretoniano», *Teatro y ciudad. V Jornadas de Teatro*, Burgos, Universidad, 1996,
pp. 32-52; ÍDEM y CALDERONE, Antonietta, «El teatro en el siglo XIX», en José María DÍEZ BORQUE
(ed.), *Historia del teatro en España*, Madrid, Taurus, 1988, tomo II, pp. 379-624.

[4]   GARELLI, Patrizia, *Bretón de los Herreros e la sua formula comica*, Imola, Galeati, 1983.

[5]   ZATLIN, Phyllis, *The Basis of Humor in the Contemporary Spanish Theater*, Florida, University
of Florida, 1965, p. 29.

por J. M. Díez Taboada y J. M. Rozas demuestran el interés editorial y crítico por el riojano y su pervivencia.[6]

Por su parte, Gerard Flynn, además de la bibliografía comentada citada antes, trazó un compendio biográfico-crítico[7] que, si bien heredero del preparado por el marqués de Molins y de las aportaciones de Le Gentil, supuso un avance en la consideración del riojano.

Pero, entre todas, ha de destacarse, más que ninguna otra, la labor de Miguel Ángel Muro, por su dedicación de muchos años a diversos aspectos de Bretón de los Herreros, plasmados en inestimables libros, ediciones, artículos, ponencias y conferencias, los cuales reúnen una interesantísima visión de conjunto de las obras debidas a Bretón de los Herreros en sus recursos, aspectos estéticos y estructurales, siempre desde un enfoque inmanente, aunque también ha obsequiado con análisis más específicos sobre sus obras breves y sobre algunas de sus producciones más extensas y afamadas, aparte de tratar algunos temas concretos en diversos artículos.[8]

Bajo los auspicios de este investigador, los acercamientos contenidos en las primeras y segundas jornadas bretonianas, en que se contó con los mayores expertos,[9] se convirtieron en otra de las bases esenciales de las que partir en las aproximaciones del nuevo milenio.

Ya en el siglo XXI, se ha mantenido el interés por el teatro de Bretón de los Herreros con nuevos enfoques. De entre ellos, destacan los resultados de Pau Miret, quien supo confrontar las ideas teatrales del comediógrafo, expuestas por él mismo, con su aplicación en las distintas piezas, teniendo en cuenta los

---

[6] JULIÁ MARTÍNEZ, Eduardo (ed.), *Teatro moderno*, Madrid, CSIC, 1947; ALONSO CORTÉS, Narciso, *Bretón de los Herreros. Teatro*, Madrid, Espasa-Calpe, 1943; BRETÓN DE LOS HERREROS, Manuel, *Marcela o ¿a cuál de los tres?*, José HESSE (ed.), Madrid, Taurus, 1968; ÍDEM, *El pelo de la dehesa*, José MONTERO PADILLA (ed.), Madrid, Cátedra, 1974; ÍDEM, *Marcela o ¿a cuál de los tres?, Muérete... ¡y verás!, La escuela del matrimonio*, Francisco SERRANO (ed.), Logroño, Diputación Provincial, 1975; DÍEZ TABOADA, J. M. y ROZAS, J. M., *Manuel Bretón de los Herreros. Obra dispersa*, Logroño, Instituto de Estudios Riojanos, 1965.

[7] FLYNN, Gerard, *Manuel Bretón de los Herreros*, Boston, Twayne Publishers, 1978.

[8] Desde el primero de sus libros, *Ideas lingüísticas sobre el extranjerismo en Bretón de los Herreros*, (Logroño, Instituto de Estudios Riojanos, 1985), continuando por la edición de las obras *Una de tantas, Lances de carnaval, Por no decir la verdad* (Logroño, Cultural Rioja, 1989) y *La batelera de Pasajes* (Logroño, Instituto de Estudios Riojanos, 2008). También sus libros *El teatro breve de Bretón de los Herreros* (Logroño, Instituto de Estudios Riojanos, 1991), *Obra selecta* en tres volúmenes (Logroño, Universidad /Instituto de Estudios Riojanos, 1999), que no contienen obras recogidas en el periodo aquí estudiado, y, particularmente, su estudio *La confección del texto dramático de Bretón de los Herreros* (Logroño, Universidad de La Rioja/Instituto de Estudios Riojanos, 2011), aparte de los artículos, bastantes de los cuales se irán mencionando a lo largo de la presente monografía.

[9] MURO, Miguel Ángel, (coord.), *Actas del Congreso Internacional «Bretón de los Herreros: 200 años de escenarios». Logroño 14,15 y 16 de octubre de 1996*, Logroño, Instituto de Estudios Riojanos, 1998; ÍDEM (coord.), *La obra de Manuel Bretón de los Herreros: II Jornadas Bretonianas: Logroño, 2 al 5 de marzo de 1999*, Logroño, Instituto de Estudios Riojanos, 2000.

componentes dramáticos y escénicos. El reflejo de la política en las obras breves ha constituido la materia analizada por Fernández Urenda. Últimamente,
la recuperación de las refundiciones de teatro del Siglo de Oro realizadas por
nuestro autor y revisadas por Juan Manuel Escudero Baztán, Simón Sampedro
Pascual, o bajo la coordinación de Rebeca Lázaro Niso,[10] muestran diversas direcciones en las que se continúa con una tarea sobre la que aún quedan muchos
datos por exhumar y explotar, como vienen comprobando cuantos investigado-
res van uniéndose a todas estas perspectivas en los últimos años.

A este quehacer se sumó la autora de la presente monografía, ya en la rea-
lización de su tesis doctoral y, sobre todo, con las publicaciones de 2005 y 2012,
aparte de con algunos otros capítulos y artículos.[11] De modo en parte similar a lo
efectuado respecto a los años 1824-1840, en el volumen actual se aportan pruebas documentales no exhumadas hasta el momento que permiten profundizar
en el conocimiento del teatro de este riojano estrenado entre la entrada en Madrid del general Espartero, el 1 de octubre de 1840, y la conclusión de aquella
temporada teatral, en el contexto de la vida social y periodística madrileña.

Hasta el tipo de estudio que se propone en las páginas siguientes, excepción hecha del antecedente *Manuel Bretón de los Herreros: más de cien estrenos en
Madrid,* los efectuados en torno al teatro del riojano se han referido, en general,
a temas y motivos, a recursos dramáticos, a confrontar sus teorías teatrales con
la práctica de nuestro comediógrafo, o a procurar los breves análisis semióticos
que permite un autor no destacado por su planificación dramática, ni por los
juegos de intriga, ni de acción, ni por una creación de personajes de gran hon-
dura psicológica. La revisión de las obras en el contexto cultural se ha limitado
a miradas panorámicas y a determinados aspectos u obras. Faltaba asumir un
examen sistemático de las condiciones en que se verificaron los estrenos, tanto en las cuestiones más externas relacionadas con las empresas y compañías,

---

[10]   MIRET, Pau, *Las ideas teatrales…*, *op. cit.*; FERNÁNDEZ URENDA, Francisco Javier, *Política y autocensura en el teatro menor de Manuel Bretón de los Herreros: 1828-1861,* Logroño, Universidad de La Rioja, 2014; ÍDEM, «Domesticidad y redención: tensiones de género en un precedente costumbris-ta del *Don Juan Tenorio»*, *Romance Notes,* 50, 3 (2010), pp. 271-278; ÍDEM, «Don Juan ante el teatro costumbrista burgués: la censura del seductor como reinterpretación del ideal de masculinidad», *RILCE,* 28, 2 (2012), pp. 406-422; ÍDEM, «Hacia una (de)construcción del teatro breve de Manuel Bretón de los Herreros», *Revista de Literatura,* 77, 153 (enero-junio 2015), pp. 109-135; ESCUDERO BAZTÁN, Juan Manuel, «*Fuego de Dios en el querer bien»*, *Anuario Calderoniano,* 9 (2016), pp. 159-175; SAMPEDRO PASCUAL, Simón, «El valor de los caracteres en la refundición bretoniana de *Las pare-des oyen*, de Ruiz de Alarcón», *Cuadernos de Investigación Filológica,* 52 (2022), pp. 169-188; LÁZARO NISO, Rebeca (coord.), «El teatro del Siglo de Oro en Manuel Bretón de los Herreros», *Berceo,* 177 (2019).
[11]   BALLESTEROS DORADO, Ana Isabel, *Espacios del drama romántico español,* Madrid, CSIC, 2003; ÍDEM, *Larra, Bretón de los Herreros y otros escritores anticarlistas,* Palma de Mallorca, Calima, 2005; ÍDEM, *Manuel Bretón de los Herreros: más de cien estrenos en Madrid,* Logroño, Instituto de Estu-dios Riojanos, 2012.

como en cuanto a la competencia o rivalidad experimentada por otras obras
en cartel, el calendario puntual de ejecuciones, las causas y consecuencias de
los posibles retrasos, o el rol desempeñado por los actores y asimismo por los
gacetilleros y críticos en la recepción. En la medida de lo posible y con los datos
de que cabe disponer hoy, extraídos de diferentes archivos y hemerotecas, se
procura reconstruir cada estreno en función de todo el cúmulo de datos que ha
podido acopiarse.

Asimismo, se afronta una revisión, aunque no un pormenorizado cotejo de
crítica textual, de los manuscritos empleados en los estrenos por parte de los
apuntadores, cuando se han conservado. Y se observa aquí otra diferencia respecto a lo habitual en los estudios bretonianos, que se han atenido a la consigna
de seguir la versión que recogiera la última voluntad del autor, pauta preferible
cuando se trata de obras literarias en las que no pretende descubrirse las claves
de la evolución correctora: el criterio mantenido en esta monografía de citar
conforme a las ediciones más cercanas a la fecha del estreno, con la vista puesta también en los manuscritos autógrafos y las copias dadas a los apuntadores
y, asimismo, en los que pasaron por manos del censor Valentín Pascual entre
1840 y 1841, nace del deseo de partir del texto más parecido al declamado en
los escenarios, el que llegó al público de la época de composición, el aplaudido
o silbado, antes de que el autor lo puliera para la posteridad. No es objetivo de
esta investigación, sin embargo, un análisis acabado de las variantes detectadas
entre todas las ediciones, ni una explicación de su proceso evolutivo.

En cuanto a los objetivos marcados en relación con los textos, debe partirse
de la base de que, como se ha dicho ya, lo mejor y más característico de las obras
bretonianas no reside ni en su temática, ni en la psicología de los personajes, ni
en el trazado dramático, una y otra vez despreciado o minusvalorado por diversos críticos de su tiempo. Los puntos fuertes de su producción se encuentran
en los diálogos y en los rasgos de comicidad, tanto como en el reflejo social y
de circunstancias concretas. De ahí que no se asuma un examen íntegro de los
textos en su confección, tarea ya realizada, sobre todo, por Miguel Ángel Muro
y por Pau Miret (aunque solo respecto a las versiones definitivas), entre otras
aportaciones menores, y a ellos cabe remitirse en cada caso. Solo se añaden
algunos rasgos no identificados hasta el momento y se debaten determinadas
opiniones, ya de la época del estreno, ya posteriores.

En relación con esto, se ofrece una revisión panorámica de los medios y los
críticos que asistieron a los estrenos y los comentaron, y asimismo se recuerdan
las piezas relevantes de otros autores montadas en cada temporada, particularmente de las subidas a los escenarios por primera vez en las mismas fechas
que las obras de nuestro comediógrafo o por las mismas compañías teatrales,
para establecer las oportunas comparaciones, sobre todo por lo que respecta a
la recepción, pues no cabe una confrontación de las conexiones textuales. En
cambio, sí se relacionan las piezas teatrales del riojano, cuando resulta evidente,

con las circunstancias literarias, sociales y políticas del momento y, asimismo, se procura reconstruir los montajes hasta donde los datos exhumados lo permiten. Igualmente, se afrontan observaciones sobre la recepción de la crítica y del público. Con la somera enumeración de reposiciones y montajes después de los estrenos, se pretende ilustrar la presencia de las obras en los repertorios, sin una intención de exhaustividad que requeriría monografías individuales para cada una de las obras.

Introducción

Al llegar a Madrid el duque de la Victoria aquel otoño de 1840, nuestro autor ya había estrenado las tres piezas más conocidas hoy (esto es, *Marcela o ¿a cuál de los tres?*, *Muérete… ¡y verás!*, y *El pelo de la dehesa*), era miembro de la Real Academia Española, entrada para la cual había leído su discurso gratulatorio el 15 de junio de 1837, figuraba como vicesecretario de la sección de Literatura del Ateneo de Madrid y contaba con una plaza de bibliotecario segundo en la Biblioteca Nacional desde el 18 de julio de 1836. Ya no era, sin embargo, como a finales de los años veinte y primeros años treinta, uno de los escasísimos autores que estrenaban obras: había crecido, con el final del régimen fernandino, el número de aspirantes a vivir del teatro, como asimismo la competencia de las nuevas fórmulas del Romanticismo y de los géneros líricos y de gran aparato escenográfico suponían una pugna por acaparar público que obligaba a mayor esfuerzo por parte de nuestro autor. Con todo, cada comedia nueva suya seguía concitando la atención de los potenciales espectadores: la buena acogida que estos, y por tanto los empresarios, habían venido dispensando a las piezas originales de este riojano, le había permitido dejar de verter al español obras y de refundirlas como práctica habitual. Así, frente a lo ocurrido en sus años iniciales en el teatro, cuando las traducciones y refundiciones superaban en mucho el número de sus propias obras, en el periodo recogido en este libro no adaptó nada para la escena.

Pero el poder de los progresistas y del general Espartero marcó también su trayectoria: la reacción de los vencedores ante la ejecución de *La ponchada* le dejó sin su plaza de bibliotecario segundo, así que su actividad literaria se vio modificada, para compensar la pérdida económica regular de aquel puesto. Casado en 1837 con Tomasa Andrés,[1] se había acomodado en una vivienda dig-

---

[1] Con letra de pendolista, distinta de la empleada en otros apuntes, se lee: «En veinte y tres de junio de 1837, con mandamiento del señor don Juan María Caldera, presbítero vicario

na para su arreglada vida doméstica, que asombró a Musso Valiente al visitarla pocos meses después de la boda, el 1 de noviembre: «Vea usted un poeta en casa que paga dieciocho reales diarios, con hermosa sala adornada de reloj de sobremesa, floreros y otras cosas que indican más bien la morada de un prócer que la de un devoto de las musas».[2]

Para comprender el sentido de este precio que Bretón estaba dispuesto a abonar, de quinientos cuarenta o quinientos cincuenta y ocho reales al mes, téngase en cuenta que a nuestro comediógrafo se le habían venido entregando entre quinientos y novecientos reales por las adaptaciones y refundiciones, según el número de actos que tuvieran.[3] Por las obras originales, como máximo llegó a percibir cuatro mil reales en estos años y dos mil mensuales como bibliotecario. Cincuenta mil reales anuales se asignaron a Martín de los Heros como bibliotecario mayor de la Biblioteca Nacional en 1840, cantidad que se tachó de desorbitada en la época, y los empleados con menor remuneración obtenían cinco mil reales.[4] Poco después, mil reales mensuales eran los sueldos, por ejemplo, de redactores ya avezados como Nicomedes Pastor Díaz o Antonio Ríos Rosas en *El Sol*.[5]

Por suerte para Bretón de los Herreros, Julián Romea siguió admitiendo una por una todas sus novedades. De las contenidas en este volumen, la segunda llegó a competir en fama con las mejor consideradas hoy, *El cuarto de hora*.

---

eclesiástico de esta villa de Madrid y su partido, ante José María Patón, notario, en fecha veinte del mismo mes y año, habiendo precedido los requisitos prevenidos por la real pragmática sobre dispensa de las tres amonestaciones que el santo concilio manda por dicho señor vicario, y no resultando impedimento alguno, yo, el don Juan Nicasio Gallego, presbítero del Consejo de su majestad, canónigo de la santa iglesia de Sevilla, ministro del Tribunal de la Gracia del excusado y supernumerario de la Nunciatura Apostólica, con licencia del señor don Pedro Nicolás de Quijana y Carbajal, cura propio de la iglesia parroquial de San Sebastián de esta corte, después de haberlos examinado y halládolos capaces en la doctrina cristiana, desposé por palabras de presente que hacen verdadero y legítimo matrimonio teniendo sus mutuos consentimientos, y velé *in facie ecclesiae*, a don Manuel María Bretón de los Herreros, natural de la villa de Quel, obispado de Calahorra, hijo de Antonio Bretón y de María Petra Herreros, con doña Tomasa Andrés, natural de esta corte, hija de Eugenio Andrés y de doña Teresa Moyano. Ambos contrayentes mayores de edad. Fueron testigos don Mariano Roca de Togores, maestrante de la Real de Valencia, Luis Andrés y el presbítero don Baldomero de Frías, y lo firmé, Juan Nicasio Gallego», en AHPSSM [Archivo Histórico Parroquia de San Sebastián de Madrid], LC [Libro de Casamientos] XL, f.º 168v. En todas las citas se han modernizado tanto la ortografía como la puntuación. Se corrigen también las erratas evidentes y se resuelven las abreviaturas, pero no se enmiendan los errores, ni las peculiaridades léxicas y gramaticales, que solo se indican con [sic].

    [2]   MUSSO Y VALIENTE, José, *Obras*, José Luis MOLINA MARTÍNEZ (ed.), Murcia, Ayuntamiento de Lorca y Universidad de Murcia, 2004, vol. II, p. 258.

    [3]   BALLESTEROS DORADO, Ana Isabel, *Manuel Bretón de los Herreros…, op. cit.*, tomo II, 24, 36.

    [4]   *TOMÉ LOBAR, El Br.*, «Fe de erratas», *El Eco del Comercio*, 2432 (27 de diciembre 1840), pp. 1-3.

    [5]   SUÁREZ, Federico, *Donoso Cortés y la fundación de El Heraldo y El Sol*, Pamplona, Ediciones Universidad de Navarra, S.A., 1985, p. 154.

Por otro lado, desde 1834 los criterios de la censura política se habían adaptado a las nuevas circunstancias constitucionales. Permaneció durante el periodo aquí estudiado al frente del cargo Valentín Pascual, el mismo nombrado para el puesto en 1839, destituido en enero de 1840 al pretender prescindir de la plaza el Ayuntamiento para ahorrar gastos, y nombrado de nuevo por el ministro de la Gobernación en marzo del mismo año.[6] Pascual era mucho menos estricto que sus predecesores, y haber de ocuparse también de cuanto anteriormente correspondía a los censores eclesiásticos suponía menguar el rigor.

Esto hubo de suponer un gran alivio para nuestro comediógrafo, sometido en otros tiempos a unas reformas que deformaban sus originales de modo extremo, o incluso a que no se le devolvieran, como ocurrió con *Cómo se pasa el tiempo*.[7]

Mariano Roca de Togores, 1837.
Litografía por Augusto Ferrán. Biblioteca Nacional de España.

[6]   AVM SS E [Archivo de Villa de Madrid, Sección Secretaría, Expediente] 3-464-32, «Nombramiento de los censores de teatros. Supresión de la plaza de censor, 1836-1840».

[7]   Véanse, respecto a la sucesión de las obras y adaptaciones bretonianas, con modificaciones y tachaduras de los censores, BALLESTEROS DORADO, Ana Isabel, *Manuel Bretón de los Herreros...*, *op. cit.*, y el artículo BRETÓN DE LOS HERREROS, Manuel,«Apuntes curiosos para la historia de la censura de obras dramáticas en la década calomardina», *La Abeja*, 553 (2 de noviembre 1835), pp. 1-2.

Como contrapartida, desde el inicio del periodo aquí examinado, octubre de 1840, pareció despertarse y progresivamente intensificarse en 1841 un debate que trascendía la prensa, en torno a la valoración de las obras de nuestro comediógrafo, y lo justo o injusto de las apreciaciones vertidas en los medios. Según Roca de Togores, las críticas negativas herían tanto a Bretón de los Herreros, que el padecimiento continuado en los años siguientes llegó incluso a agriar su carácter y, a propósito de reunir la mayor parte de sus comedias en una edición de 1850, argumentó, en descargo de algunas críticas, sus auténticas pretensiones y lo bien recibido de sus obras en provincias.[8]

Claro que nada parecía satisfacer a determinados críticos, pero de la confrontación de pareceres cabrá extraer interesantes conclusiones.

---

[8]   MOLINS, MARQUÉS DE [Mariano Roca de Togores], *Bretón de los Herreros. Recuerdos de su vida y de sus obras*, Madrid, Tello, 1883, pp. 279-282, 415.

Manuel Bretón de los Herreros y el teatro en Madrid en 1840-1841

Empresarios de espectáculos y compañías teatrales

El Ayuntamiento de Madrid, como a lo largo de cuatro siglos, seguía siendo el propietario de los teatros llamados principales de la capital, el de la Cruz y el del Príncipe. Como en épocas anteriores, continuaba arrendando los coliseos a empresarios o a sociedades de actores que se sometieran a una serie de condiciones y ofrecieran determinadas garantías. En caso de no encontrar licitadores, asumía la propia corporación la formación de compañías y los contratos con los empleados, por medio de una comisión nombrada al efecto, que decidía siempre con el visto bueno del alcalde y del pleno.

Las empresas que habían trabajado en los teatros de la Cruz y del Príncipe en la temporada iniciada en la Pascua de Resurrección de 1839 y concluida la semana previa a la de Pasión de 1840, constituidas con muchas dificultades dadas las penurias provocadas por siete años de guerra carlista, habían sufrido pérdidas considerables, hasta el punto de que Agustín Azcona y Joaquín Reguer, asociados con el cantante caricato Francisco Salas para dar funciones en el teatro de la Cruz, durante el verano de 1839 se habían visto incapaces de cumplir las condiciones impuestas, motivo por el cual solicitaron una subrogación a favor del marido de Bárbara Lamadrid, único de los tres interesado en mantenerse como empresario. La comisión del Ayuntamiento, compuesta por quien se convertiría en diputado progresista Manuel de la Fuente Andrés, por Andrés Taboada y por el síndico Pedro Miguel de Peiró, informó favorablemente al corregidor, y el Ayuntamiento la admitió, dado que Salas se comprometía a mantener los términos del contrato firmado con sus compañeros y solo pedía que se le diera preeminencia sobre otros posibles postores a la hora de alquilar el teatro para la siguiente temporada. La cesión se formalizó el día 10 de septiembre de 1839 y solo un mes después había que preparar el arriendo del año siguiente o del siguiente y los sucesivos. Así pues, el 22 de octubre de 1839 la comisión de teatros del Ayuntamiento de Madrid, modificada y conformada entonces por José Justiniani Ramírez de Arellano, IV marqués de Peñaflorida, y por los citados Taboada y Peiró, dispusieron la admisión de proporciones cerradas a los dos teatros principales, lo cual se efectuó el día 25 de aquel mes, en un plazo que concluiría el 11 de noviembre.

Como había ocurrido el año anterior, en la temporada 1840-1841 finalmente serían actores quienes se encargarían de llevar los teatros, pues los empresarios ajenos al mundo del espectáculo habían podido enterarse de cómo aquella actividad había llevado a la ruina a artistas como Carnicer, Agustín Azcona y Joaquín Reguer, e igualmente a gente de negocios como Carlos Rebollo, Manuel de Gaviria y a la casa de comercio representada por Luis María Pastor. Pero ya no serían los mismos actores de la temporada 1839-1840 los constituidos en empresarios: solo permaneció Francisco Salas, mientras que sustituyeron a José García Luna, Luis Fabiani, Pedro López, Florentín Hernández, Juan Lombía y José Nicolau, arrendadores del teatro del Príncipe la temporada 1839-1840, y a Francisco Salas, Joaquín Reguer, Agustín Azcona, junto con Ramón Carnicer y Basilio Basili, que habían tomado el de la Cruz,[1] en un solo contrato y una sola compañía, el escenógrafo Francisco Lucini, el primer actor Julián Romea y Elías Norén como representante de los actores jubilados.

Sin embargo, estos no habían sido los primeros en procurar quedarse con los teatros principales aquella temporada: el 11 de noviembre de 1839, fecha en que expiraba el plazo, lo habían intentado Carlos Latorre y Antonio Guzmán: se comprometían al cuantioso pago de las jubilaciones, orfandades y viudedades, a cambio de que se les eximiera de las llamadas «obligaciones de justicia». El contrato sería por cinco años, los dos primeros forzosos y los tres restantes según interesara o no a los solicitantes. Después de estudiarse, pareció inadmisible a la comisión, compuesta por el IV marqués de Peñaflorida José Justiniani Ramírez de Arellano (que se convertiría en alcalde de la capital el 1 de enero de 1842), Dámaso de Sancho Larrea y Pedro Miguel de Peiró, que así lo notificó al Ayuntamiento el día 20 de noviembre, además de estimar necesaria una nueva licitación bajo un pliego de condiciones elaborado por los propios miembros de aquella comisión, condiciones con las que salvaguardar los intereses municipales. El informe del asunto se llevó a la sesión del Ayuntamiento celebrada el 22 del mismo mes de noviembre y se aprobó, como así mismo la propuesta de subasta, realizada el 6 de diciembre.

Pero no hubo postor alguno: lo oneroso y exigente de las condiciones, la trayectoria conocida por quienes pudieran interesarse en el arriendo asustaban a los posibles licitadores. Más aún cuando Elías Norén, en representación de los actores jubilados, había hecho pública en el *Diario de Avisos* su denuncia contra

---

[1] BALLESTEROS DORADO, Ana Isabel, *Manuel Bretón de los Herreros…*, *op. cit.*, tomo II, 117-123, 199-201, 369-373, 529-553, 615-633.

el Ayuntamiento el mismo día 6 de diciembre de la licitación,[2] por no estar de acuerdo con la percepción de haberes, y había solicitado amparo al juez de primera instancia Benito Serrano y Aliaga. Los jubilados querían que se hiciera saber a los posibles empresarios a cuánto ascendían tales pagos en el momento y en el futuro, pues podían surgir nuevas cargas. El Ayuntamiento hubo de pedir al juez que se desentendiera del asunto, por lo injusto de la acusación de no haber publicitado el problema referente a las cargas, pues los empresarios sabían que habían de satisfacer individualmente las cuotas de cada jubilado, viuda y huérfano y, por tanto, de los que posteriormente entraran en tal categoría, fuera cual fuera el número de ellos. Además, aquel juez carecía de autoridad y competencia en el asunto, pues quedaba fuera de sus atribuciones. Añadía el perjuicio público en los fondos municipales que se seguía de lo verificado con aquella demanda fuera de razón e impresa en un momento tan delicado.

Nuevamente, volvió a publicarse la licitación del arriendo para el día 12 de diciembre, pero, a falta de más interesados, la comisión no tuvo más remedio que admitir para su revisión cierta propuesta de Francisco Salas fechada el día 6, en la que había solicitado el teatro del Príncipe por dos años forzosos para disponer en él funciones de verso y de ópera. La compañía de verso iniciaría las funciones en Pascua de Resurrección, y la de ópera a los tres meses de empezada la temporada, a más tardar. Se comprometía a abonar todas las cargas de aquel teatro según el pliego de condiciones publicado en la prensa y quince mil reales más por el arriendo del edificio, pero sin obligación de más pagos, fuera cual fuera el resultado del pleito de los jubilados.

El Ayuntamiento admitió el 13 de diciembre aquella oferta, a la vista de no haber otra, pero acabó no teniendo efecto, porque el 23 de enero de 1840, el caricato, unido a los otros tres componentes de la que se establecería como empresa, rogó poder retirar aquella: se había puesto de acuerdo con otros compañeros para un nuevo pliego de condiciones mejor acomodado al publicitado por el Ayuntamiento, firmado el 31 de enero. Este se discutió en el pleno, se reformó y finalmente se aprobó el 10 de febrero: había que ceder en algo, pues Madrid no podía quedarse sin espectáculos públicos en los teatros principales. Con todo, conforme a lo establecido por las leyes, se anunció nuevamente la subasta del arrendamiento de ambos teatros, en la cual se señalaba para el remate el 14 de febrero. Una vez más el Ayuntamiento se encontró sin más postor que el de los cuatro compañeros, por lo que ambos teatros quedaron a favor de estos.

---

[2]　NORÉN, Elías, «Anuncios. Mediante a estar…», *Diario de Madrid*, 1715 (6 de diciembre 1839), p. 2. El asunto se prolongó hasta 1842, después de intentar sucesivos acuerdos conciliatorios y numerosas reclamaciones, y finalmente hubo de ser Julián Romea, como empresario del teatro del Príncipe, quien asumiera los pagos. Véase AVM, SS, E 3-393-101, «Teatros. Sobre transacción del pleito seguido entre el excelentísimo Ayuntamiento y los actores jubilados de los teatros, 1841 y 1842».

Los actores se comprometieron, en un contrato firmado el mismo 14 de febrero por los comisionados del Ayuntamiento, a saber, el IV marqués de Peñaflorida José Justiniani Ramírez de Arellano, los regidores Dámaso de Sancho Larrea y el conde de los Corbos Isidro Mesía de Vargas, y los procuradores síndicos Pedro Miguel de Peiró y Ángel Iznardi. En la escritura pública elevada el 6 de abril de 1840, ya solo figuraba la nueva comisión de espectáculos, constituida por Dámaso de Sancho, el conde de los Corbos y Ángel Iznardi.[3]

Véanse las condiciones, algo diferentes de las de años anteriores, y de cierto interés para los estrenos verificados. Por ejemplo, el hecho de que la empresa no estuviera a cargo del Ayuntamiento imposibilita conocer los ingresos obtenidos con las representaciones, pues no habían de notificarlas ni hacerlas constar en los documentos públicos hoy conservados. Por lo que respecta a los gastos en las decoraciones y en aquel vestuario pagado por la empresa, solamente pueden conocerse las tasaciones hechas años después, cuando se hizo inventario de los efectos conservados en los almacenes. Para entonces, muchas de ellas se habían modificado o se les había dado otros usos y otras habían quedado inservibles, por lo que no resulta fácil identificar los trastos propios de cada pieza estrenada.

El hecho de arrendar ambos teatros para funciones de ópera italiana y verso con baile nacional podía significar que no se iba a destinar cada uno de los coliseos a un tipo de espectáculo, como en la temporada anterior, cuando se dedicó el de la Cruz a género lírico y el del Príncipe a obras sin música o con música solo incidental.

Como siempre, era el Domingo de Resurrección el que marcaba el comienzo de la temporada, y aquel año cayó el 19 de abril. Desde entonces, había compromiso por ambas partes de mantener la contrata durante dos temporadas, esto es, hasta el sábado santo de 1842, si bien, avisando con tres meses de anticipación, podía prorrogarse por un año el arriendo.

La tercera condición, referente al pago de las cargas llamadas de justicia y los cuarenta mil reales de las jubilaciones, era la que, fundamentalmente, venía convirtiendo en ruinoso el negocio en los últimos años, particularmente desde el inicio de la guerra carlista. Véanse en qué consistían:

    a.   A la casa galera, ocho maravedíes por persona [de cada función].
    b.   Al hospicio cuatro maravedíes por persona [en cada función].
    c.   A la inclusa, veintidós mil reales [anuales].

---

[3]   AVM, SS, E, 4-5-25, «Teatros. Sobre arriendo de los teatros de la Cruz y Príncipe para el año próximo. Se remataron a favor de don Francisco Salas y consocios, por dos años forzosos que darán principio el día 19 de abril de 1840 y concluirán el sábado santo de 1842, 1839 y 1840»; AVM SS, E 3-464-37, «Empresa de teatros. La del Príncipe a favor de los actores de verso dando principio en 13 de abril de 1839 y concluyendo en el sábado santo de 40. La de la Cruz a favor de Salas, Reguer y Azcona por el mismo tiempo. Íd. traspaso de la empresa de la Cruz a favor de Salas, don Francisco, 1839-1840».

d. Al hospital de San Juan de Dios, quince reales por representación.
e. Un censo sobre el teatro del Príncipe, perteneciente al vínculo de don José Gómez de Lamadrid, de 2.200 reales al año.
f. Otros tres sobre el mismo, correspondientes al mayorazgo don Jerónimo Pegen de 2.380 reales y 33 maravedíes.
g. Otro perteneciente al Hospital General de 13.200 reales.
h. Otro a favor de las memorias de don Andrés Martín de Navarrete de 543 reales 4 maravedíes.
i. Otro sobre el teatro de la Cruz del mayorazgo de don Antonio Ortiz de Zárate de 1.266 reales y 16 maravedíes.
j. Otro a favor del Excmo. Sr. duque de Alba de 429 reales.

Pero esos censos y donaciones de beneficencia, establecidas siglos atrás, no eran todas las obligaciones, porque igualmente habían de abonarse los alquileres de las casas contiguas a los teatros de que se hiciera uso, según se había hecho hasta el momento. Solo que aquel uso no era algo de lo que pudieran prescindir, como tampoco podían los empresarios sustraerse del pago de treinta mil reales anuales por el almacén de los enseres de ambos teatros.

El conjunto de estos costes suponía casi quinientos mil reales (494.200). Pero se añadía el que hubiera de reservarse el palco de los reyes, pese a que nunca lo usaban, e igualmente los dos colaterales para el Ayuntamiento, según la cláusula decimocuarta y, según la vigésima, un palco bajo al capitán general de Madrid, otro principal al jefe político, otro a los comisarios de espectáculos públicos, tres lunetas principales a los mismos, otra al secretario del Ayuntamiento, y una más al señor censor político, aunque estos palcos y lunetas se pagarían a los precios corrientes, y si a las doce de la mañana no se hubiesen recogido, podría disponer de ellos la empresa. El derecho del Ayuntamiento no subsistiría sino en el caso de que se negaran a renunciar el suyo las demás autoridades.

Otra de las obligaciones ineludibles, que suponía cuantiosos gastos, lo constituía lo aceptado por la condición decimoctava, pues por cuenta de la empresa corría adornar e iluminar los palcos del centro y del Ayuntamiento en los días de gala y festejos, cuando habían también de emplearse las colgaduras de rigor, en poder de los alcaides. Sin embargo, esto suponía una merma respecto a los años anteriores, cuando había también de afrontarse la iluminación especial, exterior e interior, con cada celebración.

Como desquite, venía decretándose de muchos años atrás que los empresarios de otros teatros no oficiales, llamados de segundo orden, así como los que ofrecieran espectáculos de circo, hidráulica, juegos de física o bailes de máscara hubieran de abonar a los de los principales un cierto dinero por cada representación, para contribuir de modo más justo a esas obligaciones citadas. Pero, quizás para evitar conflictos entre ambas partes, quedó estipulado, esta vez en la condición sexta, que los empresarios de los teatros principales habían de ponerse de acuerdo con el Ayuntamiento para imponer y recaudar esos productos.

Por lo que respecta al número mínimo de funciones que se comprometían a ofrecer, señaladas en la cuarta condición, era de cien de ópera y doscientas de «verso», término en que quedaban comprendidas las obras en prosa. Habían de distribuirse de modo que hubiera alguna función diaria, en uno o en otro teatro, y solo los meses de julio y agosto podían cerrarse ambos coliseos. En la undécima condición se añadía la posibilidad de dar dos y tres funciones en un mismo día e incluso en un mismo teatro si así le convenía a la empresa, y de darlas diariamente en ambos. Solo se impedían las representaciones el miércoles de ceniza, el 2 de mayo, la semana de Pasión, la Semana Santa y los viernes de Cuaresma. En caso de desear organizar algún otro tipo de espectáculo o bailes de máscara, a los que era muy aficionado el público durante los carnavales, habían de solicitar la autorización del alcalde, aparte de haber de ser de tal índole que no se viera perjudicado el edificio, como tampoco los enseres.

Ahora bien, según la condición duodécima, una vez anunciada al público una función, no podría suspenderse, ni variarse sin anuencia de la comisión de espectáculos del Ayuntamiento, a la que correspondía decidir sobre los motivos en que se apoyara la solicitud que había de enviársele, y asimismo adoptar las medidas necesarias para que el público no quedara defraudado. Además, según la condición vigesimosegunda, si el Gobierno determinara prohibir los bailes de máscara y las funciones de Cuaresma, no podría aportarse como justificación para rescindir la contrata, ni responsabilizar al Ayuntamiento. Solamente en los casos fortuitos de salida de los reyes de la capital para establecerse en otra ciudad del reino, en los de hambre, peste, guerra extranjera en el territorio español, ruina o incendio del teatro o en cualquier otro que obligara a cerrarlos más de un mes por disposición superior, quedaría rescindida la contrata si así lo pedía la empresa, según se acordó en la última cláusula de la escritura.

Se tenía también en cuenta la posibilidad de que el Gobierno accediera a subvencionar con alguna ayuda a los teatros, según se desprendía de cierta real orden de 12 de abril de 1832. En ese caso, según la condición séptima, podía quedar a beneficio de la empresa, siempre y cuando tal subvención no se cargara por orden gubernamental sobre el Ayuntamiento de Madrid.

Otro asunto que generaba desde antaño dificultades para el negocio se refería a la contratación de empleados. Porque por mucho que se concediera libertad, según la cláusula octava, a los empresarios para ajustar a actores, músicos y demás dependientes de los teatros, la cláusula novena con sus excepciones impedía procurar reducir gastos: quedaban excluidos de la condición anterior los alcaides, guardalmacenes y ayudantes, por ser de nombramiento del Ayuntamiento, los alguaciles llamados de teatros, los músicos y demás dependientes que ostentaran nombramiento real o del Ayuntamiento, o que hubieran obtenido sus plazas por oposición, aparte de los expendedores de billetes con plaza efectiva, y las futuras concedidas hasta aquel momento. Además, aunque la empresa podía tener en el despacho la intervención que le pareciera necesaria, y hacer remover al sustituto o expendedor en propiedad que no le inspirara confianza en la venta de los billetes, según la décima cláusula, para separar a cualquiera de los individuos de nombramiento real o del Ayuntamiento, debía obtener el competente permiso. En todo caso, era de cuenta suya el pago de todos aquellos sueldos. Se hacía constar en la cláusula decimocuarta que los alguaciles solo cobraban los días de función. El sueldo del alcaide y el del guardalmacén era de dieciséis reales diarios y el de los ayudantes de doce reales.

Por su parte, el Ayuntamiento cedía a la empresa el uso de los teatros con las decoraciones, enseres y oficinas, el archivo, vestuario y guardarropa, según la condición decimoquinta, a la que se añadía la siguiente, en que se estipulaba, como en contratos anteriores, que la empresa abonaría al Ayuntamiento, a justa tasación, a fin de la contrata, las desmejoras que hubiesen sufrido los efectos inventariados por peritos nombrados por ambas partes y tercero en discordia. A cambio, el Ayuntamiento abonaría a la empresa las mejoras que hubiesen recibido tales efectos, siempre que su importe no excediera los sesenta mil reales. De la misma manera, una vez concluida la contrata, abonaría las decoraciones nuevas que encargase la empresa por justa tasación del modo antes referido, siempre que el importe de todas no excediera de cuarenta mil reales.

Respecto al mantenimiento de los edificios, teniendo en cuenta su antigüedad y tradicionales problemas, era lógico que se estipulara, en la cláusula decimoséptima, que el Ayuntamiento daría a la empresa los teatros y oficinas corrientes de todo. La empresa asumiría las obras de reparación y conservación que se requiriese, y que quedarían a beneficio del Ayuntamiento, pero serían de obligación de este las que resultaren precisas, por incendio o hundimiento del edificio, o parte de él.

Por fin, para concretar los pagos, la cláusula decimonovena especificaba que el importe de los censos con que estaban gravados los teatros se entregarían en la depositaría del alcalde. Si el Ayuntamiento quedase relevado de estas cargas, no por eso dejarían de satisfacer su importe los empresarios.

La antepenúltima cláusula se refería a la fianza con la que se garantizaba aquel contrato por parte de los actores empresarios, consistente en cuatrocientos mil reales en títulos del cinco por ciento: se depositarían en el acto de formarse la contrata trescientos mil reales en el Banco Español de San Fernando, y los cien mil restantes al cancelarse la fianza que tenía en aquellos momentos dada el empresario del teatro de la Cruz, esto es, Francisco Salas. Eran de cuenta de la empresa los gastos de depósito, y la comisión tenía el derecho de visitar los almacenes para cerciorarse del buen estado de los efectos.

Dadas las circunstancias ocurridas en el otoño anterior, se añadió una cláusula por la cual el Ayuntamiento accedía a atender la posible sentencia favorable a los jubilados en el pleito que estos seguían contra aquel, y exonerar del todo a los empresarios.

Una segunda cláusula adicional venía a recoger con mayor exactitud que si alguno de los empleados de nombramiento real o del Ayuntamiento cometiese alguna falta en el cumplimiento de su cargo, el Ayuntamiento, en virtud del parte que le diera la empresa, y de los informes que tuviera a bien tomar, le impondría la pena que acordase, inclusa la separación de su destino sin sueldo, según la gravedad de la falta.

«Con estas calidades y condiciones formalizan los señores otorgantes esta escritura de arrendamiento de los teatros de la Cruz y el Príncipe, y en su consecuencia se obligan los individuos de la comisión de espectáculos públicos a nombre del excelentísimo Ayuntamiento Constitucional de esta capital y los referidos don Francisco Salas, don Elías Norén, don Francisco Lucini y don Julián Romea a observarla y cumplirla con toda exactitud y puntualidad, sin tergiversar ni interpretar ninguna de sus condiciones, prometiendo como prometen unos y otros no reclamarlas ni separarse de ellas total ni parcialmente, bajo ningún motivo ni pretexto, sea el que fuese, consintiendo no ser oídos en juicio ni fuera de él, antes por el contrario apremiados y compelidos a su observancia y condenados en costas, como a quien pretende lo que por ningún título le toca. Así mismo se obligan los señores de la comisión en nombre de la ilustre corporación que representan a que esta contrata será cierta y segura a los empresarios por los dos años que van estipulados, sin que se les moleste con reclamaciones que estén fuera de dicha contrata, ni obstruya el disfrute de los teatros en los términos convenidos, pues si se hiciere será de cuenta de su excelencia cuantos daños y perjuicios se les originen. Los citados empresarios en cumplimiento de lo convenido en la condición 21, han depositado en el Banco Español de San Fernando 300.000 reales en títulos del cinco por ciento por vía de fianza y garantía de este arrendamiento hasta que se concluya, debiendo entregar otros cien mil reales cuando se cancele la fianza que tiene prestado el empresario del teatro de la Cruz. Y al cumplimiento, guarda y observancia de todo se obligan los señores de la comisión de espectáculos públicos con los bienes y rentas del excelentísimo Ayuntamiento Constitucional de esta capital, y el don Francisco Salas, don Elías Norén y don Francisco Lucini con los suyos propios, y el don Luis González Bravo con los de su principal don Julián Romea presentes y futuros, dando como dan poder a los señores jueces y autoridades que de sus asuntos deban conocer conforme a derecho, para que en todo tiempo les compelan a ello, como si fuese en virtud de sentencia definitiva, consentida y pasada en autoridad de cosa juzgada, y renuncian a las leyes que en el presente caso les puedan favorecer con el beneficio de la restitución *in íntegrum* que compete a la corporación».[4]

---

[4]   Véase AVM, SS, E 3-393-86, «Escritura de arrendamiento de los teatros de la Cruz y Príncipe otorgada por la comisión de espectáculos públicos del excelentísimo Ayuntamiento Constitucional de esta muy honorable villa de Madrid a favor de don Francisco Salas, don Elías Norén, don Francisco Lucini y don Julián Romea ante don Domingo Bauce, escribano de su majestad del número de la misma en 6 de abril de 1840», f.º 2v.-11r. Como curiosidad, con sus consecuencias de cierto relieve para los estrenos de la época, debe advertirse que Luis González Bravo firmó en

Estas circunstancias permiten entender lo sucedido con Carlos Latorre, cuya propuesta de arriendo de los teatros había sido desestimada, como se mencionó anteriormente. Al disgusto natural se sumó el que sí se tuviera en consideración la propuesta de sus compañeros, pues le dejaba a él fuera de la posición de empresario y, por tanto, le obligaba a negociar con ellos los términos de cualquier contrato. En caso de firmarlo, habría de someterse a las decisiones que desearan adoptar respecto a él y sus papeles. En definitiva, perder en gran medida sus privilegios de primer actor.

A lo largo de las siguientes semanas a la de la firma de la contrata, corrieron distintos rumores sobre su reacción y la del que había sido su discípulo, Julián Romea, de los que este decidió salir al paso enviando el 13 de mayo a varios periódicos, entre ellos el moderado *El Corresponsal* y el progresista *Eco del Comercio*, un comunicado en que afirmaba haber ofrecido a su maestro con la mejor fe la posibilidad de mantenerse en los teatros, y no por cubrir un expediente, sino por juzgarlo un deber, por hombría de bien. Lo había hecho, además, por cuenta propia, pero al grupo de socios le habían parecido demasiado elevadas las exigencias económicas de Latorre. Romea aseguraba haber cedido la parte correspondiente a sus propias ganancias, pero aún así se había visto desairado por sus compañeros, quienes le habían respondido:

> «La empresa estima en todo su valor la delicadeza y generosidad de usted, pero hay todavía un inconveniente que hace irrealizable este asunto, y es que, según los términos en que está constituida esta sociedad no puede, atendidos sus intereses, tener un primer actor y director ajustado a sueldo; y sí solo como empresario, y usted sabe que el señor Latorre no ha querido serlo».[5]

Esta última frase indica que, después de haber realizado su primera proposición, desestimada por el Ayuntamiento, Latorre no había querido convertirse en empresario mancomunadamente con sus compañeros, lo que también explica su actitud posterior ante Romea. Lo informado por este se corresponde bien con lo escrito por aquel en su solicitud de jubilación, llevada a cabo tiempo después, el 21 de junio, ante el jefe político de Madrid. Exponía en su escrito como antecedentes haberse concedido siempre la jubilación no solo a los actores que acreditaban hallarse imposibilitados para el trabajo corriente, sino también a aquellos que tras ocho años de servicio como mínimo en los teatros

---

lugar del que se convertiría en su cuñado, Julián Romea, con un poder otorgado por este, pues, como es bien sabido, aquella temporada, aún sin concluir, junto con su mujer Matilde Díez y el resto de su compañía, había estado trabajado en distintos teatros de Andalucía, y no volvería a Madrid hasta iniciada la Cuaresma de 1840. Entonces se aprestó a firmar la escritura de arriendo, ya extendida, el 8 de abril de 1840 (Ibídem, f.º 12r).

[5] ROMEA, Julián, «Comunicado. Señores redactores de *El Corresponsal*», *El Corresponsal*, 349 (15 de mayo 1840), p. 4; ÍDEM, (1840) «Comunicado. Sres. Redactores de *Eco del Comercio*», *Eco del Comercio*, 2208 (17 de mayo); p. 4.

principales de Madrid, se veían separados de la escena, bien por las empresas, bien por las compañías, por juzgarse que el mero hecho de separarlos indicaba implícitamente hallarles imposibilitados. Ponía como ejemplo a las veteranas primeras actrices Antera Baus, Agustina Torres o Ramón López. Él, por su parte, llevaba once años de servicios. No había solicitado la jubilación desde la Pascua de Resurrección, como era costumbre, porque en aquel momento se había separado voluntariamente del servicio, al no convenirle tomar parte en el arreglo interino improvisado como empresa. Solo que, ya constituida como nueva empresa formal, él se había conformado al ajuste que a su clase y circunstancias le correspondía, pero la empresa se lo había denegado.

En lo que disentía su informe de lo anotado por Romea era en que, en su opinión, sus pretensiones no eran inadmisibles, sino que no iban bien a los fines e intereses de la empresa. Además, la circunstancia se le había notificado con insuficiente anticipación, el día 14 de abril, es decir, cinco días antes de empezarse la temporada, cuando todos los teatros principales de España tenían formadas sus compañías, con lo cual no se le había dado tiempo para ajustarse en otra parte. Por todo esto, creía justo recibir el estipendio propio de la jubilación.

Los apoderados de los actores notificaron que estaban de acuerdo con su derecho a percibirla, establecida en veintidós reales y medio diarios, si bien solo a partir del dictamen del jefe político y no desde Pascua de Resurrección, como pretendía, porque se había establecido como nueva norma que fueran cuarenta mil reales los que designara la empresa a los jubilados y aquellos habían de repartirse entre los que tuvieran derecho a él. Añadirlo a las listas en aquel momento significaba un perjuicio para el resto. Con todo, el jefe político, después de revisar la documentación (parte de la cual hubo que copiar de nuevo por perderse), dispuso que cobrara la parte correspondiente de los cuarenta mil reales desde Pascua de Resurrección.[6]

Muy probablemente, Latorre, bastante disconforme con el ajuste frustrado, antes de pedir la jubilación, solicitó a la reina la explotación del salón de Oriente para bailes y conciertos hasta el comienzo de la Cuaresma en 1841, lo cual le fue concedido por real orden de 30 de mayo, y le sirvió para desquitarle en alguna medida, como se publicó en la prensa:

«Tuviéronle el año pasado dos de los actuales socios de la empresa de teatros, los que, según se dice, esperaban con algún fundamento conservar en la próxima temporada; S. M., enterada de que la referida empresa había cerrado a don Carlos Latorre las avenidas de la escena a que el público deseaba tanto verle volver, y privádole así de los recursos a que le hacían acreedor su eminente mérito y sus honrosos servicios, ha querido indemnizar a tan benemérito artista con una muestra de su real aprecio, que el señor Latorre no puede menos de mirar, en efecto, como infinitamente superior, por todos estilos, a cuanto sus compañeros, mejor

---

[6]   AVM, SS, E 3-465-21. «Jubilación del primer actor de los teatros don Carlos Latorre, 1840».

aconsejados, pudieran haber hecho a su favor. Asegúrase que el señor Latorre trata de sacar, en esta misma estación calurosa, un gran partido del magnífico local puesto a su disposición. Algo ganará, pues, en ello el público: bien es verdad que el público también tenía derecho a indemnización, privado como lo estaba de los servicios escénicos de un actor, a quien más de una vez ha echado de menos en lo que va de temporada».[7]

El indiscutible primer galán seguramente no habría encarnado a ningún personaje de Bretón de los Herreros, pero este al menos podría haber contado con un Romea menos cansado de tener que encargarse de aquellos papeles más acomodados a las dotes del maestro. Desde luego, necesariamente habría de influir la falta de Latorre en la cartelera de la temporada y seguramente en los beneficios económicos, pues Julián Romea no se atrevió a reponer piezas en las que hubiera de competir con la memoria de aquel gran actor a los ojos del público, quién sabe si por delicadeza, por cierto sentimiento de inferioridad o por evitar comparaciones enojosas.

Por otro lado, no eran días fáciles para los Romea aquellos del final de la primavera: habrían de afrontar la circunstancia sensible de que la madre, Ignacia Yanguas Prat de Rivera, muriera de una afección apoplética el 19 de junio, con cincuenta y dos años.[8] Al menos a Julián le confortaría pensar que, gracias a haber vuelto de las provincias, no había fallecido sin haber tenido ocasión de estar con ella en mucho tiempo. Por lo que respecta a la empresa del Príncipe, hubieron de luchar bastante por sacarla adelante. Después de la entrada de Espartero y durante todo el invierno, cuando mayor era el número de asistentes, una suma de factores hizo flojear sumamente las entradas.

Pero todo aquello llegaría después. Al inicio del año teatral, varios periódicos y revistas se apresuraron a publicar las listas de la única compañía que trabajaría aquel año en los teatros principales. Los ajustes habían quedado de la siguiente manera.

Como autor figuraba Manuel Sotillo. Dentro del grupo de las actrices, se situó a Bárbara Lamadrid en primer término, seguida de Matilde Díez y con Teodora Lamadrid en tercer lugar. Después, Catalina Bravo, María del Pilar Fabiani, Trinidad Parra, Francisca Casanova, Rosario Toral, Josefa Azcona, Pilar García, Mariana Castillo, Bernarda Feito, María del Castillo, Margarita Antúnez, Vicenta Sierra, Polonia Fabiani, Manuela Saavedra y Josefa Carrasco.

Aunque sin indicación de los cometidos ni de los salarios de cada una de ellas, se dispone de aproximaciones, dados los honorarios conocidos de algunos años anteriores, el bienio 1832-1834, cuando el Ayuntamiento se hizo cargo de los teatros y se hacían constar, registrar y custodiar todos los contratos, y asi-

---

[7]   [REDACCIÓN], «Por real orden de 30 de mayo…», *El Correo Nacional*, 883 (20 de junio); p. 4.

[8]   AHPSSM LD [Libro de Difuntos] XLIV, f.º 75r.

mismo de otro año posterior, 1848, en que ocurrió lo mismo. Recuérdese que Bárbara Lamadrid y Catalina Bravo ganaban cincuenta y ocho reales diarios en las temporadas 1832-1834, como sobresalientes con obligación de suplir a las primeras damas.[9] En calidad de primera actriz, Bárbara Lamadrid en 1848 lograría un contrato por doscientos reales, aunque por entonces la aventajaba la otra primera dama, Matilde Díez, por trescientos cuarenta y uno, primera cantidad que se conoce de sus haberes, por no haber llegado a Madrid hasta 1835, aunque intentó embargársela en 1833. En cuanto a Teodora Lamadrid, cobraba quince reales diarios en 1832-1834, pero aún era una niña entre los doce y los catorce años, y en 1840 había cumplido veinte. En 1848, como primera dama, cobraría ya ciento cuarenta reales.

Julián Romea. Por Jean Laurent.
Biblioteca Nacional de España.

María Fabiani, como supernumeraria y dama joven, en 1832-1834 ganaba veinte reales diarios y María del Castillo solo diez, cantidades entre las que debían de oscilar las percibidas por las otras actrices que figuraban en la lista, excepto si se añadía a sus obligaciones de actrices alguna otra, como había sido el caso de Mariana del Castillo, que había de bailar cuando hiciera falta, por

---

9   BALLESTEROS DORADO, *Manuel Bretón de los Herreros…*, *op. cit.*, vol II, p. 17.

veintiséis reales diarios. En cuanto a Polonia Fabiani, joven de dieciséis años en 1840, seguiría siendo contratada de racionista: todavía en 1848 se ajustaba, con el consentimiento de su madre, por doce reales diarios de sueldo.

Aparte se encontraban Jerónima Llorente, María Córdoba y María Vargas, para papeles de graciosas o de características. La primera había aceptado actuar en el último concepto desde 1833, con un sueldo de veinte reales más otros dieciocho a que tenía derecho de modo absolutamente excepcional por una jubilación anterior,[10] y en 1848 cobraría noventa y cuatro reales diarios. María Córdoba todavía en 1848 era contratada como segunda dama joven con obligación de hacer características por cuarenta y dos reales de vellón diarios.[11]

En el grupo de los actores, aparecía Julián Romea en primer lugar, seguido de su hermano Florencio, y solo después de este, Pedro Sobrado. Únicamente de Julián consta un contrato anterior, el primero firmado con el Ayuntamiento en 1833, por veinticuatro reales diarios, y los conseguidos por él y su hermano en 1848, de trescientos cuarenta y ciento cuarenta, respectivamente. Como dato comparativo, Carlos Latorre como primer actor percibía, en 1832-1834, ochenta reales diarios, aparte de una gratificación de cinco mil reales anuales más.[12] A esto habría de sumarse, seguramente, un día de beneficio para cada uno, probablemente libre de gastos, al menos en el caso de Julián, y quizás con algún pago para afrontar las cargas diarias, tal vez de dos mil reales, como en 1848, por parte de Florencio y Sobrado.

Los siguientes actores llevaban más o menos tiempo en los teatros madrileños ocupando papeles muy secundarios, aunque fueran relativamente jóvenes o de edad mediana como José Pérez Pló, José Díez (hermano de la primera dama, Matilde), José Castañón, Lázaro Pérez, Manuel García, José Ramírez, Lorenzo Ucelay, Carlos Spuntoni, Jerónimo Cámara. Todos ellos formarían parte de acompañamientos en las piezas de Bretón de los Herreros.

José Pérez Pló y Lázaro Pérez volverían a ser contratados en 1848, el primero como barba y el segundo como segundo galán y barba por cincuenta reales diarios; Lorenzo Ucelay como segundo barba con obligación de hacer sainetes, por veinte; Ramírez con las mismas condiciones que Ucelay, pero por catorce reales, los mismos que percibiría Carlos Spuntoni por hacer los papeles que se le repartieran conforme a sus facultades.

---

[10]   Ibídem, pp. 17-18.
[11]   AVM, SS, E 2-474-26, «Convenio y obligaciones de las actrices para dos años cómicos, 1832 a 1834»; AVM, SS, E 4-68-51, «Expediente general de la administración del teatro del Príncipe en el cual se hallan además las cuentas de dicha administración y treinta y siete escrituras de actrices y cuarenta de actores con diferentes contratas par el servicio del teatro, y veintiséis contratos de comedias compradas a diferentes poetas, 1848».
[12]   BALLESTEROS DORADO, *Manuel Bretón de los Herreros…*, *op. cit.*, vol II, p. 19.

Aunque las listas ya no reflejaban, como en tiempos anteriores, el tipo de personajes que habría de asignárseles, en lugar aparte se presentaban los que solían interpretar personajes de carácter anciano: Elías Noren, Antonio Campos, Luis Fabiani, Ángel López, Bruno Rodríguez, Manuel Sotillo. En 1832-1834, el primero ganaba sesenta y tres reales; Campos y Fabiani cuarenta y dos; el padre de Concepción Rodríguez, veintiséis. Quince años después, todos se habían jubilado.

En otro lugar se encontraban los graciosos. El que figurara entre ellos Antonio de Guzmán significaba haberse avenido a tratar con sus compañeros empresarios, a diferencia de la postura adoptada por Latorre. A continuación, se leía el nombre del aún joven y prometedor Mariano Fernández, que lucharía en los siguientes años por ganarse el renombre finalmente adquirido. Después de este, aparecían José de Guzmán, Ignacio Silvostri, Juan Orgaz y Juan Torroba.

Guzmán ya en 1833 había conseguido ser considerado de la misma categoría que los actores de papeles serios, y cobraba ochenta reales diarios, aparte de una gratificación anual de cinco mil reales. En 1848, su estipendio había ascendido a noventa y cuatro reales diarios, muy probablemente por lo muy resentido que se encontraba, dada su edad de sesenta y un años, algo avanzada para la época. Su hermano José y Silvostri en 1832-1834 ganaban treinta y cuatro y veinticuatro reales, respectivamente. Orgaz y Torroba, que adelantarían mucho en los escenarios, todavía en 1840 eran actores nuevos en las compañías.

Por su parte, trabajaron aquella temporada 1840-1841 los actores secundarios o barbas Joaquín Lledó, Felipe Reyes, Ignacio Hernández, Domingo José Martínez, Manuel Morales, Manuel Saavedra, Juan Carceller, Juan Fernández, Vicente Blasco, Vicente Santa Coloma. De ellos, se sabe que Joaquín Lledó, cuyos honorarios en 1832-1834 ascendían a dieciocho reales diarios, en 1848 ya no figuró en las compañías; Ignacio Hernández pasó a formar parte de los apuntadores en 1848; Manuel Morales se conformaba con catorce reales diarios en 1832-1834 y Manuel Saavedra con doce.

Los apuntadores fueron en aquella temporada de 1840-1841 José Nicolau, el marido de Jerónima Llorente Florentín Hernández, Marcos Barón, Salvador del Rey, Antonio Bagá, José Alverá y Camilo de las Cabañas. En cuanto a sus sueldos, José Nicolau en 1832-1834 quedó contratado por treinta reales diarios como primer apuntador; en 1832-1834, Hernández ganaba veinte reales diarios y, en 1848, quedó ajustado en veintiocho. El segundo apuntador Marcos Barón en 1832-1834 fue contratado por dieciocho reales, pero en 1848, por la obligación añadida de sacar los papeles precisos, se ajustó por cuarenta y un reales diarios. Antonio Bagá, también segundo apuntador, en 1848 percibía doce reales diarios, lo mismo que Camilo de las Cabañas en 1832-1834.[13]

---

[13]   AVM, SS, E 4-68-51, «Expediente general...», *op. cit.*; AVM, SS, E 2-474-25, «Convenio celebrado entre los señores de la comisión de teatros del excelentísimo Ayuntamiento y los acto-

Como pintores y directores de la maquinaría seguirían Francisco Lucini y su hijo Eusebio. En cuanto al cuerpo de baile, estaría conformado por Manuel Casas y Juan Bautista Cozzer como directores, y por Josefa Díez, Mariana Castillo, Rosalía Sierra, Matilde Saavedra, Fernanda López, Manuela Saavedra, Carmen del Callejo como bailarinas. Los correspondientes bailarines serían Antonio Ibáñez, Ignacio Bagá, Antonio Piga, Pedro Hidalgo, Andrés Leonarte.

La prensa: cronistas y críticos de espectáculos

Por lo que respecta a los críticos que comentaban los estrenos teatrales, debe tenerse en cuenta que el número de periódicos y semanarios venía creciendo significativamente desde la muerte de Fernando VII, si bien la mayor parte de ellos duraba escasos meses, cuando no semanas e incluso días. Entre los fundados tras la primera guerra carlista y de no mucha duración que vivían en esta temporada teatral, se encontraron *El Labriego, El Huracán, El Trueno, La Prensa, El Pueblo Soberano, El Eco de la Milicia Nacional, La Revolución, El Cangrejo, El Clérigo Mentor, El Zurriago*. Estos, al igual que algunos de larga pervivencia, como *El Castellano, El Católico* o *Fray Gerundio*, fundamentalmente publicaban noticias políticas, las comentaban con sus respectivos estilos y pocas veces atendían a la vida teatral.

Otros medios habían sido particularmente importantes por sus artículos sobre espectáculos desde su nacimiento en el primer lustro de los años treinta, como *Eco del Comercio*, que en los últimos tiempos venía espaciándolos,[14] o como la *Gaceta de Madrid*, donde escribía Ramón de Navarrete, o como *Semanario Pintoresco Español* que, sin embargo, ya solo ocasionalmente, gracias a *Davred* (quizás, Ramón de Valladares y Saavedra) repasaría críticamente lo que se ponía en los escenarios. También pueden leerse comentarios en otras revistas, como *El Panorama*, esta dirigida por el actor Agustín Azcona.

Más interesantes en materia teatral venían siendo en los últimos meses otros diarios surgidos a partir de 1838 y aún en activo, como *El Correo Nacional*, con las

---

res para dos años cómicos, 1832 a 1834»; AVM, SS, E 2-474-28, «Convenio y obligaciones de los apuntadores, por dos años cómicos, 1832-1834».

[14]   Así lo parece, incluso teniendo en cuenta los posibles artículos de difícil recuperación por haber sido mutilados en las colecciones de la Biblioteca Nacional de Madrid, la Hemeroteca Municipal madrileña y el Ateneo de Madrid. En la colección de esta última institución, cabe apreciar la falta de artículos sobre teatro en los largos periodos sin ningún número mutilado, como de febrero a octubre de 1841, o de enero a junio de 1842. En general, el tercio inferior se rellenaba con relatos, artículos sobre distintas materias (agricultura, ortografía, historia, viajes, academias, exposiciones). Solo a partir de los primeros días de junio de 1842, pocas semanas antes del cambio de propietario y, por tanto, del comienzo de la segunda época, empezó a insertarse la sección «Noticias teatrales», y más adelante las críticas de Ramón de Castañeyra, con el pseudónimo *César Romano*.

aportaciones de Enrique Gil, sustituido ya en el comienzo del periodo que aquí se estudia, o *El Corresponsal,* con las de Diego Coello y Quesada.

Junto con estos, otros nuevos periódicos como *La Época* o *El Cotidiano,* cuyo primer número apareció el día que entró en Madrid Espartero y se prolongó como diario hasta el 31 de diciembre, ofrecieron también algunas líneas sobre los espectáculos, aunque el primero no comentó nada referente a nuestro comediógrafo. Significativas fueron, igualmente, las críticas de los semanarios culturales, como *El Iris,* con Salvador Bermúdez de Castro, redactor de la sección de teatros. Todos ellos habrían de expresar su parecer sobre las obras de Bretón de los Herreros estrenadas aquella temporada.

Los estrenos

En cuanto a las obras nuevas de 1840-1841 y la posición de las piezas de Bretón de los Herreros entre ellas, debe empezar por decirse que mermaba la vida teatral lo convulso de los tiempos en diferentes sentidos: aunque parecía concluida la guerra carlista, el conflicto no acabaría de resolverse en todos sus flecos, mientras que los grupos liberales de opiniones dispares generarían también su propia inestabilidad, lo cual afectaba a todos los órdenes de la vida cotidiana.

Los públicos teatrales madrileños y sus gustos decepcionaban no solo a los intelectuales más sesudos que mantenían criterios clasicistas, sino a los críticos más abiertos a las novedades. Se mantenía el interés por las grandes escenografías de las comedias de magia y de gran espectáculo entre las masas populares, así como por la música y el género lírico entre la más educada, todo lo cual significaba relegar a un puesto secundario los dramas y comedias de mayor enjundia. Más aún, se había extendido ya, aunque todavía quedarían algunos años para llegar a su mayor apogeo, el gusto por los bailes, las acrobacias y ejercicios gimnásticos, hasta tal punto que los teatros principales empezaron a contratar los servicios de determinados artistas como parte de funciones que, de otro modo, carecerían de suficientes espectadores, como reconocían diversos periodistas, entre ellos los de *El Cotidiano*[15].

La ópera mantenía sus adeptos, pero las dificultades para contratar un número de tenores o *primas donnas* suficientes para poder ofrecer un repertorio variado convertían en un acontecimiento no ya cada estreno, sino cada salida a escena de un cantante nuevo, e incluso cada reposición de una obra lírica aunque, al mismo tiempo, acababa aburriendo la suma de repeticiones de estas. Por otra parte, continuamente surgían imprevistos. Por ejemplo, en el mes de noviembre de 1840 cayó enferma la *prima donna* Rossina Mazzarelli, y hubieron

---

[15]   [REDACCIÓN], «El domingo en el teatro del Príncipe...», *El Cotidiano,* 12 (13 de octubre 1840), p. 1.

de postergarse las funciones que la requerían a ella sobre el escenario. Como consecuencia, los aficionados acabaron quejándose por no haberse puesto más que tres óperas distintas en los dos meses que se llevaba de temporada, y de que la compañía contara con cinco bajos, pero con un único tenor, Filippo Galli[16], y una *prima donna*. Claro que los empresarios, ya con experiencia de años atrás, se habían comprometido a ofrecer cien funciones de ópera, pero no a un número determinado de títulos del género lírico, y lo aprovecharon, pues las dificultades eran muchas no ya para obtener beneficios, sino para mantenerse sin grandes pérdidas.

Podría pensarse que esta circunstancia pudo animar a muchos espectadores a refugiarse en el teatro del Príncipe. Además, el invierno se juzgaba la mejor época para los teatros, porque el frío desanimaba a la gente a otro tipo de diversiones al aire libre, pero, desgraciadamente, huía también de los teatros por lo mal acondicionados que se encontraban: en realidad, a diferencia de otras épocas, como la fernandina, la libertad de reunión había multiplicado en pocos años el número de tertulias en casas particulares, en las que se cantaba o incluso se interpretaban comedias; había nuevas sociedades, como la del Liceo, que congregaban cierto público, especialmente cuando las personas reales las honraban con su asistencia o cuando se contaba con determinados intérpretes, como ocurriría con Rubini, en la siguiente temporada, al que se contrató para varias funciones. También la nueva sociedad del Instituto, situado en la calle de la Luna, ofrecía representaciones de jóvenes que iniciaban su carrera dramática, y así mismo se había abierto una Academia Filarmónica que reunía grupos nutridos. Por otra parte, en el teatro del Circo empezaron a ejecutarse acrobacias y ejercicios gimnásticos.

En conjunto, resultó una temporada dura para el teatro y, en concreto, para el del Príncipe, en que Bretón de los Herreros estrenó todas sus piezas nuevas, en unos meses en que el teatro de la Cruz estaba disfrutando de más ovaciones.

No obstante, por lo que a piezas estrictamente teatrales se refiere, Ramón de Navarrete se mostró optimista al final de la temporada, pues el público iba aceptando alegremente las piezas de calidad que se subían a los escenarios, con independencia de su género, y en eso iba pareciéndose cada vez más al público europeo, particularmente el de París:

> «Nada sin embargo ha variado el gusto del público, ni se ha fijado en género alguno con preferencia a los demás. Sucesivamente hemos visto venir a todas las escuelas, una después de otra, a ostentar sus diversas producciones. Ayer era la comedia de Bretón, risueña, festiva, clásica en su forma y más semejante a la de Moratín que a la de Scribe o de madame Ancelot. Hoy es el drama terrible y som-

---

[16]   Con una voz especial, muy bonita. Pero sobre todo era apta para papeles de bajo, desde la enfermedad sufrida en 1810. 1840 sería su último año sobre las tablas. Véase WARRACK, John and WEST, Ewan, *The Oxford Dictionary of Opera*, Oxford, Oxford University Press, 1992, p. 263.

brío de Dumas, modificado empero y ajustado a las exigencias de nuestro país; modificado por tanto en su índole y en sus detalles. Mañana la comedia galante, la de Zorrilla, la de Saavedra, la de Rubí, reflejo purísimo y hermoso de una época de esplendor y de gloria para nuestra escena. Y observando la acogida que a obras tan diferentes ha hecho el público, viendo que no ha distinguido más que entre lo bueno y lo malo, siéntese cumplida satisfacción al observar que así progresa su buen gusto, y que va formándose su tacto con ayuda de la experiencia. Hubo un tiempo en que se clamaba porque un género solo fuese el predominante, porque el espectador decidiese el litigio pendiente entre el poeta y los preceptos de Aristóteles y de Moliére; [...] El público [...] hoy no hace otra distinción de la que arriba hemos enunciado, diciendo, a imitación de Boileau, que todos los géneros son buenos menos el que es malo».[17]

Igualmente, Juan del Peral, en el primer número de la *Revista de Teatros*, se alegraba de que pareciera haber resurgido el teatro en España, merced a una serie de estrenos, debidos a Hartzenbusch, Gil y Zárate, Zorrilla, Saavedra, García Gutiérrez, Bretón y Rodríguez Rubí, ejemplos de una diversidad de géneros teatrales que enriquecían los repertorios.[18] Algunas de las obras, sin embargo, se habían estrenado la temporada anterior, como la primera parte de *El zapatero y el rey*, sin duda la pieza de Zorrilla a que se refería. En cuanto a García Gutiérrez, su drama *El encubierto de Valencia* solo se había representado tres noches, aunque se mantuviera la memoria de *El trovador*.

Entre los grandes éxitos de la temporada del teatro del Príncipe no estuvo ninguna de las obras de nuestro riojano, sino una comedia de magia, *Los polvos de la madre Celestina*, traducida por Hartzenbusch y representada cuarenta veces antes del siguiente domingo de Resurrección, ante un público que se agolpaba a las puertas y luchaba por conseguir entradas,[19] éxito que el propio Bretón de los Herreros aprovechó para uno de sus chistes de circunstancias inserto en su piececita *Mi secretario y yo*, como se verá en el volumen *Entre poderes y actores*.

La segunda pieza digna de mencionarse fue la ópera *María Estuarda*, del siempre aplaudido Donizetti, que se cantó en el teatro de la Cruz doce veces y se repondría en los meses siguientes. También, la comedia de Bouchardy, traducida por Isidoro Gil, *Lázaro o El pastor de Florencia*, estrenada el día del beneficio de Florencio Romea y que llenó el teatro nueve noches, detalle indicativo de cómo había llamado la atención del público, si bien de esto se lamentaban críticos como el de *El Correo Nacional*,[20] a quienes dolía que las obras extranje-

---

[17]   [Ramón de NAVARRETE], «Teatros», *Gaceta de Madrid*, 2365 (10 de abril 1841), p. 2 [pp. 2-3].
[18]   PERAL, Juan, «Teatros», *Revista de Teatros*, 1 (4 de abril 1841), pp. 1-2.
[19]   N[AVARRETE], R[amón] de, «Teatros», *Gaceta de Madrid*, 2311 (15 de febrero 1841), p. 3 [pp. 3-4].
[20]   [REDACCIÓN], «Teatros», *El Correo Nacional*, 1161 (30 de marzo 1841), p. 4.

ras atrajeran más espectadores que las españolas. Quizás por eso se alabó en el mismo diario la ópera *La congiura di Venezia,* del español Ventura Sánchez Lamadrid, que duró ocho días en cartel.[21]

Teatro del Príncipe. 1845.
Biblioteca Histórica Municipal de Madrid.

Rodríguez Rubí subió a los escenarios tres piezas aquella temporada, con éxito relativo: *Toros y cañas* se ejecutó seis noches, *Del mal el menos* cuatro veces y *Quien más pone pierde más* solo dos, lo que suponía un fracaso. Navarrete encomió *Solaces de un prisionero,* de Ángel Saavedra,[22] que duró cinco noches y solo se repuso otras dos en los siguientes años. Gil y Zárate consiguió estrenos aceptables, como *Matilde o A un tiempo dama y esposa,* que se mantuvo en cartel cinco días seguidos en la segunda quincena de noviembre y luego se repitió, y *Un monarca y su privado,* que obtuvo críticas de distinto signo y se ejecutó cuatro noches seguidas ya poco antes de concluirse la temporada.

21   [REDACCIÓN], «Folletín. Teatro de la Cruz. *La congiura di Venezia,* ópera en cuatro actos de don Ventura Sánchez de Madrid», *El Correo Nacional,* 1407 (3 de febrero 1841), pp. 2-3.
22   [Ramón de NAVARRETE], «Teatros…», *op. cit.,* p. 3.

Mientras tanto y para las oportunas comparaciones, de las piezas de Bretón de los Herreros estrenadas, la más exitosa sin duda en Madrid aquella temporada fue *El cuarto de hora*, que se ejecutaría diez veces a lo largo del año teatral.

La ponchada

El carácter de improvisación de la obra, su fracaso al ejecutarse y las consecuencias coartaron la posibilidad de todo análisis objetivo de ella ya desde el estreno. Le Gentil se sirvió del testimonio de Borrow y de ciertos artículos costumbristas para referirse al carácter del miliciano nacional como tipo, capaz de desenvainar la espada por la noche en las calles desiertas al encontrarse con un adversario político, o la inmunidad con que baqueteaban en el Prado a quienes juzgaban fríos, para hacer entender que Bretón temiera de verdad una reacción violenta contra su persona y se viera obligado a esconderse,[23] dado lo ofendido que se sintió el cuerpo entero de la Milicia Nacional al representarse esta pieza. Gregorio C. Martín estableció paralelismos y diferencias entre la arrogancia de Carnerero en sus críticas de estrenos, la valentía de Larra en las suyas y la ingenuidad de Bretón de los Herreros en lo que se vio como sátira en esta pieza: primero, porque los soldados se ríen en ella de la «autoridad de un cabo» y llegan a insultarle; segundo, porque el comportamiento de aquellos ofrece una imagen de caos, indisciplina y total desorganización; tercero, por las injurias a Espartero a través de un personaje, quien se atreve a llamarle hereje, o cómo confundía este personaje la orden del Baño, en la que entró el general por concesión de la reina de Inglaterra, con el «tomar baños».[24]

Fernández Urenda estima trascendente lo sucedido para comprender el subsiguiente proceso de autocensura por parte de Bretón de los Herreros. Ha recordado los datos ya conocidos de la obra y cómo se le instó a escribir una pieza para celebrar la victoria del partido progresista, con cuyas ideas no comulgaba nuestro comediógrafo.[25] Pese a alguna breve aproximación personal añadida a las anteriores,[26] quedan muchos elementos por examinar y cuestiones por resolver, que van a procurar exponerse en las siguientes páginas.

Recibimiento y honores al general Baldomero Espartero

Es bien sabido que se celebraba la entrada del general isabelino en Madrid una vez dada por concluida la guerra carlista, por triunfante la revolución de

---

[23]   LE GENTIL, Georges, *Le poète Manuel Bretón…*, *op. cit.*, pp. 448-449.
[24]   MARTÍN, Gregorio C., «Sátira de teatro y riesgo en el siglo XIX: de los palos de Casanova a la burla de Bretón», *Siglo XIX*, 2 (1996), pp. 138-139 [127-145].
[25]   FERNÁNDEZ URENDA, Francisco Javier, «Hacia una (de)construcción…», *op. cit.*, pp. 126-127.
[26]   BALLESTEROS DORADO, Ana Isabel, *Larra, Bretón…*, *op. cit.*, pp. 388-390.

septiembre[27] y por exiliada a María Cristina, reina gobernadora hasta el momento. El progresista y partidario del héroe de Vergara *Eco del Comercio* describió los esfuerzos hechos para adornar la capital y recibirle convenientemente:

> «A pesar de haber llegado el señor duque antes de lo que pudiera presumirse, aunque no estaban aún concluidas las obras mandadas practicar por el Ayuntamiento a fin de dar a la población un aspecto más brillante, nada se ha echado de menos en cuanto a ostentación y visualidad. La general iluminación de las casas y de los principales edificios de Madrid, los espectáculos públicos, el inmenso y desusado gentío que ha inundado las calles, todo ha contribuido a prestar a estos festines una animación completa y un aspecto enteramente regio».[28]

El Ayuntamiento había creado una comisión que se ocupara de disponer los festejos, que durarían desde el día de la llegada del general hasta el 5 de octubre.[29] Una vez más, como se le había pedido y había hecho para casi todas las celebraciones durante los catorce años anteriores, Manuel Bretón de los Herreros había aderezado una pieza con elementos similares a otras escritas para conmemorar victorias cristinas.[30] Los periódicos informaron de que, conforme a su habitual fecundidad y laboriosidad, el comediógrafo en solo dos días la había compuesto, con la colaboración de Julián Romea.[31]

Esta improvisación, tal y como la denominó su autor y se anunció en la prensa, *La ponchada,* se representaría el jueves 1 de octubre ante el general, en el teatro del Príncipe, y la asistencia sería por convite, de modo que no se pondrían a la venta las entradas. Por ese motivo tampoco se publicó el programa de la función en los medios. El teatro estaba iluminado y adornado con laureles, como se hacía en los grandes acontecimientos. En el palco situado a la derecha

---

[27]   Sobre el término y su uso en la época, aparte de los objetivos de la insurrección y otros pormenores, véase el artículo de PÉREZ NÚÑEZ, Javier, «La revolución de 1840: la culminación del Madrid progresista», *Cuadernos de Historia Contemporánea*, 36 (2014), pp. 141-164.

[28]   [REDACCIÓN], «Relación de los festejos dispuestos por el excelentísimo Ayuntamiento de esta villa, y que han tenido efecto en los días 29 de setiembre y el 1°, 2° y 3° de octubre, en obsequio del excelentísimo señor duque de la Victoria y de Morella», *Eco del Comercio*, 2348 (4 de octubre 1840), p. 1.

[29]   Los pormenores sobre los preparativos, adornos, invitados a comidas, comisiones y el programa pueden revisarse en AVM, SS, E 3-385-75, «Festejos para honrar la venida del excelentísimo señor duque de la Victoria, 1840» y en AVM, SS, E 2ª-495-26, «Programa de los festejos acordados por el excelentísimo Ayuntamiento Constitucional de Madrid en los días 29 y 30 de septiembre, y 1 y 2 de octubre para obsequiar al excelentísimo señor duque de la Vitoria y de Morella a su entrada en la capital, 1840».

[30]   Véase BALLESTEROS DORADO, Ana Isabel, *Larra, Bretón…, op. cit.*, pp. 231, 240-241, 246, 388-390; ÍDEM, *Manuel Bretón de los Herreros…, op. cit.*, II, pp. 348-361.

[31]   Por ejemplo, véase [REDACCIÓN], «Madrid. 27 de septiembre», *El Corresponsal*, 484 (27 de septiembre 1840), p. 4; ÍDEM, «Don Manuel Bretón…», *El Corresponsal*, 485 (28 de septiembre 1840), p. 4.

del palco real, se había dispuesto uno para el duque y algunos amigos suyos, como Ferrer; en el palco a la izquierda del real, se encontraban los miembros del Ayuntamiento, y ocupaban la sala oficiales, milicianos, empleados recién nombrados y conocidos progresistas y amigos del bando vencedor, que vitorearon al duque al entrar en la sala. En el palco principal, se había colocado el retrato de la reina Isabel II, ausente todavía en su viaje a las provincias, y una inscripción, «1° de septiembre», alusiva al comienzo de la revolución triunfante.[32]

El diario *El Cotidiano,* que había empezado a publicarse justo el primer día de octubre, se comprometió a explicar con pormenor los sucesos acaecidos esa noche y, en efecto, lo verificó más cumplidamente que ningún otro medio. El objetivo de aquella publicación, «de anuncios, de instrucción y recreo», tal y como lo había indicado antes de su primer número, consistía en insertar artículos lo bastante interesantes como para que no hubiera persona alguna que no encontrara en aquel nuevo diario algo que le llamara la atención, aparte de folletines que podrían recortarse para componer, mensualmente, un tomo.[33] Roca de Togores copió el resumen de la trama que se insertó en él. Después de dar por supuesta la nutrida concurrencia a la función y de concretar que el duque de la Victoria ocupó un asiento en un palco preparado al efecto, el reseñista expuso la satisfacción con que el público había recibido la pieza de Lope de Vega *Amantes y celosos, todos son locos.* A continuación, se había bailado una jota valenciana y finalmente se había dado paso a *La ponchada,* pieza sin gran mérito literario, frase que se repitió por doquier:

> «Su argumento se reduce a un matrimonio dividido en opiniones. El marido, carlista acérrimo, cree que los preparativos para recibir al duque se hacen para la entrada de don Carlos y aun en el momento de oír los vivas y las algazaras, como distinguiese confusamente un grito de "¡Viva el héroe de Morella!", atribuyendo a Cabrera este dictado, dispone, en celebridad de acontecimiento tan fausto para él, una ponchada. Desengañado después por su mujer, liberal de lo más neto, y por sus propios ojos convencido de su error, el ponche sirve para un destacamento de nacionales de los que están en la calle y han subido a la casa a descansar invitados por el ama de ella, los cuales brindan al invicto duque, a la Milicia, a la Constitución y a todo lo demás que se les ocurre. La pieza está sembrada de alusiones políticas cuya calificación no es de nuestra incumbencia. Entre los brindis, nos pareció el más notable el de doña Matilde Díez, que figura ser hija del carlista y del que solo recordamos los cuatro versos siguientes, últimos de la décima que recitó: "¿No reclaman nuestro amor / los que cayeron con gloria? / Lágrimas a su memoria, / coronas al vencedor"».[34]

---

[32] MOLINS, marqués de, *Manuel Bretón de los Herreros…, op. cit.,* pp. 237-238; PÉREZ NÚÑEZ, Javier, «La revolución de 1840…», *op. cit.,* pp. 141-164.

[33] [REDACCIÓN], «*El Cotidiano…*», *Gaceta de Madrid,* 2171 (2 de octubre 1840), p. 4.

[34] [REDACCIÓN], «Ocurrencias de la capital. Teatro del Príncipe», *El Cotidiano,* 3 (3 de octubre 1840), p. 4.

Un texto reaprovechado de otra improvisación anterior

Dado lo desafortunado de la pieza, pero también por tratarse de una obra de circunstancias, solo se imprimió una vez, antes de la representación, en Yenes. A diferencia de otras del mismo tipo, alguna de Bretón, como *Las improvisaciones* o *Un faccioso menos,* por ejemplo, se carece de manuscritos. El ejemplar impreso conservado en la Biblioteca Histórica Municipal de Madrid va precedido de una portada manuscrita de la época.

Bretón aprovechó una estructura muy similar a la de la pieza de circunstancias escrita por él mismo años antes para celebrar la victoria cristina de Bilbao, *Las improvisaciones.* Si en aquella ocasión los personajes en contraste eran Homobono y su sobrina Casilda, a los que se añadía la criada Úrsula, en esta comedia la joven de la familia conservaba el mismo nombre y los otros dos personajes en oposición eran sus padres, doña Librada y don Lupercio. Si en la obra anterior Luis era el novio de la muchacha y el que llegaba en las últimas escenas con sus compañeros a disfrutar de la ponchada, aquí será el capitán don Marcial, también novio de la joven hija de la casa. Los otros personajes podían considerarse añadidos al núcleo principal.

Tras una escena que servía de presentación, se manifestaba el nudo de la trama, consistente, como en aquella pieza anterior, en un error de aprehensión por parte de dos personajes carlistas, su desembolso para preparar una ponchada de celebración y su desengaño final, que venía acompañado de otra celebración de signo contrario por parte de quienes entendían los hechos correctamente y se aprovechaban del festín, para acabar bailando todos y obligando a marido y mujer a abrazarse, en correspondencia con lo verificado en el Convenio de Vergara.

Del mismo modo que en la obra anterior de nuestro comediógrafo, era el protagonista masculino y cabeza de familia el convencido de la victoria carlista, y con la ponchada pensaba recibir a los vencedores, cuando en realidad en Madrid quien entraba a título de tal era el general Espartero. Por eso, quienes festejaban estos sucesos eran quienes acababan disfrutando del ponche.

La segunda trama vinculada con esta también guardaba relación con otra de *Las improvisaciones.* En la obra de años atrás Casilda conseguía casarse con su novio Luis, liberal, gracias a unas palabras comprometidas de su tío Homobono que salían al revés de lo planeado por él mismo, y en la nueva obra la hija del mismo nombre recupera a su antiguo novio don Marcial, un capitán que entra en Madrid al tiempo de hacerlo el duque de Morella.

Una tercera trama se añadía en esta nueva pieza, en la que figuraban desde el principio un grupo de nacionales que aguardaba la llegada de Espartero jugando a las cartas, durmiendo o divirtiéndose, y haciendo poco caso del cabo encargado de las guardias. También para esta trama hay un desenlace, consistente en hacer una nueva lista y olvidar la anterior, en correspondencia con la nueva situación creada. Sin duda, fue esta trama la que generó el conflicto.

El hecho de encontrarse en prosa supone una prueba de lo rápido que Bretón de los Herreros compuso la obra, pues le faltó tiempo hasta para versificarla, pese a lo fácil que esto solía resultarle. Su objetivo seguramente no alcanzaba a más que a cumplir con el compromiso y a generar chistes que despertaran las carcajadas. Así, las rimas parecen tener esta como única intención. En especial, en un par de escenas sobresalen algunas rimas agudas que aportan cierta gracia y que se resuelven cómicamente merced a determinados vocablos, como «faraón», o a las onomatopeyas:

> DON LUPERCIO: [...] ya está fuera de duda el próximo advenimiento del señor D. Carlos, y su instalación, su exaltación, su coronación, su proclamación, su restauración, y el triunfo de la Inquisición, y la supresión de la Constitución y el exterminio de la Nación.
> CASILDA: Y en conclusión, podré hacer mi elección entre la sucesión del nuevo Faraón...
> DON AMBROSIO: (*Vuelve a lo mismo.*) ¡Atención! Las cajas de ese batallón tocan llamada y tropa. ¿Oye usted? Plon, plon, plon, plon, plon...
> DON LUPERCIO: ¡Ya las oigo, santo varón!
> DON AMBROSIO: Pero eso quiere decir...
> DON LUPERCIO: ¡Oh! Mucho.
> DON AMBROSIO: ¡Vuelvo a mi observación! [...]¡Pues!
> DON LUPERCIO: ¡Eso es!
> DON AMBROSIO: ¡Como en el año 23!
> DON LUPERCIO: Cuando poco después...
> DON AMBROSIO: Entró el ejército francés...
> DON LUPERCIO: Para volverlo todo del revés.[35]

Quizás uno de los aspectos reseñables de la pieza es el uso de distintos registros lingüísticos. En algunas escenas, como había ocurrido en la primera de *Otro diablo predicador*,[36] las intervenciones de los personajes adoptan rasgos de alocuciones o de artículos laudatorios respecto a la situación. Así, es un nacional quien abre la pieza declamando una larga intervención que bien podría haber figurado en el editorial de algún diario del momento, con las imágenes, adjetivos y locuciones más repetidas: «No queda un ángulo de la monarquía donde ya no resuene con entusiasmo el santo grito de libertad e independencia que dio Madrid y repitió Zaragoza».[37] La intervención es seguida por otras más breves de distintos personajes, unidas a bravos y vivas a Espartero.

Por su parte, Casilda emplea la retórica literaria más exagerada de la época, que provoca la hilaridad por lo inadecuado del contexto: «No bien hubo rociado mis párpados con la tipsana de la idealidad el numen de los ensueños

---

[35] BRETÓN DE LOS HERREROS, Manuel, *La ponchada*, Madrid, Yenes, 1840, pp. 15-16.
[36] BALLESTEROS DORADO, Ana Isabel, *Larra, Bretón...*, *op. cit.*, pp. 122-142.
[37] BRETÓN DE LOS HERREROS, Manuel, *La ponchada*, *op. cit.*, p. 3.

y hecho paréntesis transitorio el torbellino de mi existencia…» o «¡Qué avilantez! Requerirme de amores un ciudadano tan subalterno, cuando circundada de monárquicos presentimientos, me parecerían harto humildes para pajes los condes y los archiduques».[38]

Resaltan también otros juegos de lenguaje con pretensiones humorísticas, ya explotados por el propio riojano en numerosas ocasiones anteriores. Véanse algunos de ellos.

a. Asociación del significado de nombres de calles o apellidos con la situación de determinados personajes: así, al llamar a un nacional apellidado Barrios, el cabo se da cuenta de que no puede avisarle porque andará «por esos barrios de Dios». De modo equivalente, el carlista don Lupercio, a la vista de los acontecimientos, piensa que los de su condición deberían acuartelarse en la plazuela de Afligidos o en la costanilla de los Desamparados.[39]

b. Uso del doble sentido de ciertas frases hechas, a saber, tanto el literal como el figurado. En algunos casos se produce un equívoco: así, don Lupercio le dice a su mujer que a Espartero lo han mandado «a tomar baños», como podría haberse dicho también de Isabel II y de su madre, que en efecto los habían tomado aquel verano recién concluido; pero don Lupercio parece haber entendido la noticia en el sentido de habérsele retirado la confianza. Por su parte, doña Librada contesta a su marido en una suerte de juego concatenado con otra frase de sentido figurado: ««En agua rosada te bañarías tú si eso fuera cierto…». El autor remacha el chiste, porque el marido replica que «recibió la orden del Baño», con lo que se añade un tercer sentido inesperado a la expresión, pero muy presente en aquellos días en que, como en efecto contesta doña Librada, «es una condecoración que le regaló su tocaya la reina de Inglaterra»,[40] según se divulgó en la prensa, por ejemplo en el *Eco del Comercio*, donde se resaltó que, en toda la historia de la orden, Espartero era el único general ajeno al ejército inglés en haberla recibido.[41]

c. Atribución de términos políticos o de Estado a situaciones de menor entidad, por relación de analogía. Así, Casilda se queja de que su madre le encomiende a ella, que cree estar a punto de convertirse en infanta, ciertas cuestiones domésticas, como preparar la ropa para la lavandera o dar de comer a las palomas: «Encargar a una alteza presunta esas mecánicas del ministerio de lo

---

[38]   Ibídem, pp. 11 y 14.
[39]   Ibídem, pp. 5 y 6.
[40]   Ibídem, p. 7.
[41]   [REDACCIÓN], «Noticias extranjeras. Inglaterra. Londres, 29 de julio», *Eco del Comercio*, 2291 (8 de agosto), p. 1; [REDACCIÓN], «En una carta de Londres», *Eco del Comercio*, 2299 (16 de agosto), p. 4.

interior». Y el cabo Vigil la requiebra así: «Ay, qué ojos de progreso rápido y qué cuerpecito de guardia».[42]

d. Exabruptos, insultos inauditos en progresión creciente, para terminar con uno que rompe todas las expectativas. Bretón había logrado grandes risotadas con esta estrategia en obras anteriores, y una vez más echó mano de ella. Así, don Lupercio llamaba a su mujer «contumaz, impenitente y excomulgada». Y si el último término podía asombrar por lo exagerado, añadía el extraño calificativo de «antropófaga»[43], probablemente sin conciencia de su significado, en una suerte de impropiedad.

e. Impropiedades por confusión de términos de uso poco frecuente en el personaje: por ejemplo, «microscopio» y «telescopio» por «anteojo de larga vista». Don Lupercio le decía a su hija: «Ya empieza a ser menos inverosímil tu infanticidio», aunque comprende en seguida su error y se corrige: «digo, tu exaltación al infantazgo». Más adelante, Casilda expresará algo tan impropio como que «Esa ovación carlísticamente dinástica me conforta por un lado y por otro me entumece y me dilapida».[44]

f. Acumulación de términos en sentido hiperbólico, rima aguda incluida: «su instalación, su exaltación, su coronación, su proclamación, su restauración, y el triunfo de la Inquisición y la supresión de la Constitución y el exterminio de la Nación».[45]

g. En algunos casos, Bretón aprovechó chistes anticarlistas ya gastados o muy manidos y publicados en obras anteriores, como referirse al infante don Carlos como Carlos V y acompañarlo mecánicamente de la expresión empleada para referirse a los muertos «que en paz descanse… digo, que Dios guarde muchos años. Creí que hablaba del difunto», por el necesario equívoco con Carlos I de España y V de Alemania.[46]

h. El mayor equívoco dura casi una escena entera, la número XVI. Marido y mujer se refieren con los mismos vocablos a personas distintas, a saber, Espartero y Cabrera. Bretón cifró parte de la comicidad de la situación en la asociación de ambos con Morella, uno como conde y otro como vencedor:

> DOÑA LIBRADA: (*Sentándose y abanicándose.*) ¡Uf! Vengo furiosa…
> DON AMBROSIO: (*En voz baja a D. Lupercio.*) ¿Eh? ¿Qué tal?
> DOÑA LIBRADA: De alegría…
> DON LUPERCIO: (Otra le queda.)
> DOÑA LIBRADA: Y reviento…
> DON AMBROSIO: (*Al oído a D. Lupercio.*) ¡Pues!

---

[42]   BRETÓN DE LOS HERREROS, Manuel, *La ponchada, op. cit.*, p. 14.
[43]   Ibídem, p. 9.
[44]   Ibídem, pp. 16, 14, 15.
[45]   Ibídem, p. 15.
[46]   Ibídem, p. 8.

DOÑA LIBRADA: De patriotismo. ¡Le acabo de ver con estos ojos!

DON LUPERCIO: ¿A quién? ¿A su excelencia?

DOÑA LIBRADA: Por supuesto.

DON LUPERCIO: ¿Al héroe de Morella?

DOÑA LIBRADA: Al mismo.

DON LUPERCIO: ¿Al general en jefe?

DOÑA LIBRADA: Claro está.

DON LUPERCIO: Al defensor de la justa causa…

DOÑA LIBRADA: Sin duda.

DON LUPERCIO: Al inmortal caudillo…

DOÑA LIBRADA: Justamente.

DON LUPERCIO: ¿Al santo, al maravilloso, al hermosísimo Cabrera?

DOÑA LIBRADA: (*Levantándose.*) ¡Huy!… Maldecido estacionario, ¿qué nombre te atreves a pronunciar? A quien yo acabo de ver entrar en triunfo, mal que te pese, es al excelentísimo señor don Baldomero Espartero, duque de la Victoria y de Morella, conde de Luchana.[47]

Otro tipo de comicidad, más difícil de distinguir hoy, se apoyaba directamente en el contexto de la época. Por ejemplo, la repetida alusión a la poca autoridad del cabo y la burla con que los nacionales recibían sus amenazas, recordadas por Gregorio C. Martín como causantes del fracaso de la obra, conectaban con piezas conocidas entonces: así, cuando Vigil se desesperaba y decía que haría dimisión de su cargo, el nacional 2º se reía y remedaba «La dimisión de un cabo»,[48] frase similar a la aplaudida comedia de Scribe *La dimisión de un ministro* traducida por Ventura de la Vega.

Tampoco iba a ser la única vez que nuestro comediógrafo se sirviera de elementos del vestuario para despertar la hilaridad. Si en *El pelo de la dehesa* lo había sido el cambio de indumentaria de don Frutos, aquí iba a serlo una peluca. Inesperada y por tanto cómicamente, don Lupercio al final se quita el peluquín que seguían llevando los partidarios del Antiguo Régimen, pese a que ya un lustro antes Larra lo estimaba de uso raro:[49] «¿Qué hago yo todavía con el peluquín en la cabeza? (*Lo tira en alto*)».[50]

Por lo que respecta a las características de los personajes, seguían en la línea de otros anteriores del propio autor, y este vertió en ellos algunas de sus ideas más repetidas, particularmente las antirrománticas. Por ejemplo, ya se ha dicho que el personaje de Casilda tenía el mismo nombre que la joven de *Las improvisaciones*, pero también el mismo que la muchacha ridículamente romántica de

---

[47] Ibídem, p. 20.

[48] Ibídem, p. 5.

[49] *FÍGARO*, «La educación de entonces», *Revista Española*, 140 (5 de enero 1834), pp. 173-174.

[50] Ibídem, p. 17.

El hombre pacífico[51]. Igual que el personaje de Nausicaa en *La odisea*, y que otro personaje posterior de nuestro comediógrafo, la protagonista de *La batelera de Pasajes,* esta Casilda de *La ponchada* cree tener una premonición a través de un sueño, en el cual se casa con un infante, que en esta pieza acaba siendo su antiguo novio, ascendido a capitán de infantería. Tanto su padre como su madre, por motivos distintos, reniegan de las novelas de George Sand que lee, y que su novio Marcial, al final de la obra, promete quemar. Se trata con el mismo tono satírico la preferencia de Casilda por los bastardos reales y por los príncipes errantes y perseguidos, personajes típicamente románticos.[52]

El montaje

Fiel a su trayectoria, el riojano pensó en una pieza sin problemas de escenografía. Como en otras de circunstancias, la acción se simulaba en una casa de una familia sencilla, lo que permitía elegir, entre las muchas decoraciones y efectos de los almacenes, cuanto pudiera representar la sala de una vivienda de clase media: una sala baja con dos puertas a cada lado y una reja en el fondo, por la que, por ejemplo, se supone que habría de distinguirse algo de la calle en la escena xv, cuando don Lupercio se asoma, de todo lo cual existían hasta veinticinco en los almacenes del teatro del Príncipe, que se tasaban a un precio bastante bajo, en torno a los veinticuatro reales cada reja, aunque las había de distintos tipos y tamaños[53].

Como era propio de estos casos, los actores principales se prestaron a encarnar personajes que de ningún modo hubieran admitido en las circunstancias habituales. Pero también se percibe cómo Bretón de los Herreros sabía que podía contar con ellos para hacer resaltar lo que de estimable pudiera haber. Así, Matilde Díez ejecutó el papel de Casilda y Jerónima Llorente el de doña Librada, mientras que Antonio Guzmán hubo de encarnar a Lupercio y Julián Romea al capitán don Marcial.

Llama la atención que fuera Pedro Sobrado, actor conocidamente exaltado en cuestiones políticas, quien se aviniera a hacer de Ambrosio, el amigo de Lupercio que debería tener la apariencia de una edad semejante a la suya y que participaba de sus opiniones políticas de signo tradicionalista. Otro de los actores más veteranos interpretaría el papel de Ginés, amigo de don Lupercio:

[51]   BALLESTEROS DORADO, Ana Isabel, *Manuel Bretón de los Herreros, op. cit.*, vol. II, pp. 514-527.
[52]   BRETÓN DE LOS HERREROS, Manuel, *La ponchada..., op. cit.*, p. 15.
[53]   Véase, por ejemplo, en AVM SS, E 4-215-28, «Teatro del Príncipe. Inventario general de efectos, 1848», [f.º 53 y 54].

se trataba de Elías Norén, que había estado jubilado por problemas de hígado[54] y había vuelto aquella temporada a los escenarios.

En cuanto a Camarma, el criado de Lupercio, fue interpretado por Luis Fabiani, pese a que venía desde muchos años antes interpretando papeles de padre y contaba ya sesenta años.

El cabo Vigil, encargado de disponer y verificar el cumplimiento de las guardias, fue representado por Florencio Romea, cuya apariencia y entonación muy bien servían para un personaje del que todos parecían burlarse y del que hacían poco caso.

En ocasiones extraordinarias como la de este festejo, las empresas se veían obligadas a efectuar grandes gastos en vestuario, particularmente para los actores del acompañamiento, y en esta pieza se les suponía pertenecientes a la Milicia Nacional. Sin embargo, en el inventario realizado en el momento en que Julián Romea hubo de devolver los efectos por dar por finalizado su contrato, no parece que quedaran tales uniformes, quizás porque se transformaron o bien porque para una función preparada con tan poco tiempo se pidieron prestados. Sí se contaba con veinte fusiles ingleses, del todo inútiles, según indicación dada, y asimismo con cuarenta bayonetas viejas. Para los brindis, había once copas de madera y de hojalata, valoradas en veinte reales; cinco botellas de hojalata también, y ocho vasos de lo mismo.[55]

Una recepción desafortunada y con consecuencias

Es bien sabido el resultado de la pieza. A continuación, se resume todo el proceso tal y como de él quedó constancia tanto en los archivos municipales, como en la prensa, como en la memoria de la familia y los conocidos de Bretón de los Herreros.

El articulista de *El Cotidiano* dejó para después de expuesto el argumento la descripción de las reacciones del público, que no se produjeron solamente al final, sino ya durante la función:

> «Muy luego de empezar la representación se notaron señaladas muestras de disgusto que, tomando por instantes mayor incremento, terminaron por voces y silbidos horrorosos. El ruido que hacía el público no dejaba oír a los actores, llegando hasta el extremo de gritar algunos que no se continuase. Calmada un tanto la borrasca y no sabemos si aun antes del momento oportuno, se cantó el himno del señor Carnicer que puso a la fiesta fin, no sin que después hubiese grandes grupos de gente en la puerta discurriendo cada cual a su modo sobre el

---

[54]   AVM, SC E [Sección Corregimiento, Expediente], 1-186-48, «Expediente de jubilación del actor de carácter anciano que ha sido de los teatros de esta Corte Elías Norén, 1835»; AVM, SS, E 2ª-481-50, «Jubilación solicitada por el primer actor Elías Norén 1835». Volvía aquella temporada a los escenarios, sin duda por verse aliviado de su enfermedad.

[55]   AVM, SS, E 4-125-28, «Teatro del Príncipe…», *op. cit.*, f.º 43v., 44r.

suceso. Tal ha sido el éxito de la más infeliz ponchada de cuantas hemos visto en nuestra vida».[56]

La redacción de *Eco del Comercio* aludió de modo similar a lo ocurrido en presencia del homenajeado: atribuía a la prudencia y sensatez del pueblo y Milicia de Madrid, y a su profundo respeto al general Espartero, el que se hubiera permitido terminar la ejecución, aunque se habían oído «algunos silbidos, bastantes chicheos, y maleadas muestras de completa reprobación»[57]. La redacción conservadora de *El Correo Nacional* compadeció a «los autores» quienes se habían plegado a escribir por encargo y habían satisfecho al «comprador», pero no así al público, que había silbado con muchas y encontradas razones.[58]

El marqués de Molins añadió muchos detalles no mencionados en la prensa y más cercanos al propio autor:

> «Mientras esto pasaba en el teatro y en la calle; mientras en las puertas los grupos discurrían cada cual a su modo sobre el suceso, gentes de buena fe intimidadas, otras malignas y algún estafador, se acercaban al pobre Bretón entre bastidores y le traían alarmantes noticias de los tales grupos. "Que quieren venir: que van a asaltar el tablado: que aguardan a la puerta al autor para arrastrarlo". Y en tanto le hacían correr de vestuario en vestuario, y de callejón en callejón: uno le pide un duro, otro le encasqueta un morrión, otro le fuerza a disfrazarse con su capote nacional».[59]

Roca de Togores seguía contando cómo el comediógrafo había abandonado el teatro disfrazado, cómo se escondió en el domicilio de un amigo, aunque al día siguiente se atrevió a regresar a su propia casa y no se le molestó más.[60]

Se había programado que el 2 de octubre se repitiera la función para que pudieran disfrutarla cuantos quisieran, ya que la primera noche se había asistido solo por convite.

> «1. Gran sinfonía nueva, a completa orquesta, compuesta expresamente para esta función por el maestro D. Ramón Carnicer, la cual se tocará a telón levantado. 2. La lindísima y siempre aplaudida comedia en tres actos, de nuestro célebre Lope de Vega Carpio, titulada *Amantes y celosos*. La comisión, al elegir esta comedia, ha pensado que ese recuerdo de nuestras glorias literarias estaría bien colocado en un día destinado a celebrar las glorias políticas de España. 3. El baile

---

[56]   [REDACCIÓN], «Ocurrencias…», *op. cit.*, *El Cotidiano*, 3 (3 de octubre 1840), p. 4.

[57]   [REDACCIÓN], «Madrid 3 de octubre», *Eco del Comercio*, 2347 (3 de octubre 1840), p. 3.

[58]   [REDACCIÓN], «Ayer ha sido el primer…», *El Correo Nacional*, 982 (2 de octubre 1840), p. 4.

[59]   MOLINS, marqués de, *Manuel Bretón de los Herreros…*, *op. cit.*, p. 289.

[60]   Ibídem, p. 241. Estas noticias, sobre todo la última frase, se las proporcionó al marqués de Molins la familia del comediógrafo, según se ve en los papeles conservados en la Real Academia Española, Ms 318 (2), carpetilla 4, documento 113.

nacional, nuevo, titulado *La jota valenciana,* ejecutado por todas las parejas de la compañía. 4. La improvisación cómica, en un acto, escrita expresamente para este día por D. Manuel Bretón de los Herreros y D. Julián Romea, con el título de *La ponchada,* en la cual se ejecutará un baile nuevo, compuesto sobre el tema del himno de Espartero; se recitarán versos alusivos a las circunstancias, y se cantará un himno nuevo, puesto en música por el maestro D. Ramón Carnicer, con lo que se dará fin al espectáculo».[61]

Así salió anunciado tanto en *Gaceta de Madrid,* como en casi todos los periódicos, particularmente los liberales más partidarios de Espartero, pero, lógicamente, la pieza no se volvió a ejecutar. Pese a estar prohibido, según las cláusulas de la contrata, modificar una función o anularla una vez anunciada, esta vez hubo de hacerse por disposición del propio Ayuntamiento. En su lugar se ejecutaron las piezas *Las tramas de Garulla* y *Las dos hermanas.* En *Diario de Avisos* apareció la orden dada por el alcalde Cipriano María Clemencín el día anterior y para ese mismo día, motivo por el cual el anuncio quedaba anulado. Se especificaba que la razón se encontraba en el mal efecto producido por la pieza bretoniana, y que se habían tomado medidas para que no volviera a ponerse en escena.[62] Esto insinuaba haberse recogido todos los papeles, tanto a los apuntadores como a los intérpretes, igual que se hacía en los tiempos de la censura fernandina, y quizás es una de las razones para no haberse conservado manuscritos en los fondos públicos.

Ya el marqués de Molins intentó explicar la razón última de lo sucedido: parecía achacable a que Bretón, por no pertenecer al grupo de liberales exaltados, no había escrito una pieza conforme con sus ideas e intereses, aparte de las suspicacias que hubieran podido generar en algunos los antiguos vínculos del comediógrafo con los círculos moderados. Con todo, según pensaba Roca de Togores, *Eco del Comercio* no formaba parte en aquella ocasión ni de los grupos que discurrían en la puerta del teatro acosando al riojano, ni de los que recordaban sus letrillas políticas en *La Abeja,* ni quizá de los que codiciaban su puesto.[63]

Ciertamente, la redacción del *Eco del Comercio* se mostró bastante ecuánime e incluso exculpaba a nuestro comediógrafo, al señalar que deberían haberse hecho mejor las cosas desde el principio, y que el desastre no era achacable ni a la comisión de espectáculos, ni a los empresarios del teatro ni a ninguna persona concreta. Se manifestaba en contra de improvisaciones jocosas del tipo de *La ponchada,* porque en tiempo escaso poco se podía hacer que bien pareciera, tanto en calidad, como por el hecho de escribirse al calor de circunstancias del momento. Ahora bien, si había de hacerse un tipo de pieza de ese estilo, debe-

---

[61]   [REDACCIÓN], «Teatros», *Eco del Comercio,* 2346 (2 de octubre 1840), p. 4.
[62]   CLEMENCÍN, Cipriano María, «Ayuntamiento Constitucional de Madrid», *Diario de Avisos,* 2017 (3 de octubre 1840), p. 1.
[63]   MOLINS, marqués de, *Manuel Bretón…, op. cit.,* p. 240.

ría haberse encomendado a alguien más comprometido con el espíritu progresista, pues así habría sabido encauzar la trama al gusto de sus correligionarios. Lo ocurrido debía tenerse en cuenta para el futuro.

La cuestión era si existía algún autor en la época, aparte de Bretón de los Herreros, capaz de componer en solo dos días, como había hecho él,[64] algún tipo de divertimento para la ocasión. Ciertamente, en las filas exaltadas se contaban varios escritores más o menos jóvenes y de renombre, como Espronceda y García de Villalta. Solo que ambos habían cosechado fracasos más o menos estruendosos en el teatro,[65] aunque no entre los lectores de poesía, y más difícil sería lograr de ellos la seguridad de disponer, en unas pocas horas, alguna pieza que, además, los actores pudieran aprender, ensayar y decir convenientemente. También se contaba con los hermanos Asquerino, por ejemplo, pero no sería hasta los siguientes años cuando ganaran cierta posición en el teatro. Cabe preguntarse, en cambio, si tal vez podría haberse recurrido a García Gutiérrez o a Gil y Zárate. Pero, en cualquier caso, el riojano había dado numerosísimas pruebas de improvisar en pocas horas comedias en ocasiones anteriores.

Y no es que no se hubiera pensado en un poeta progresista: solo unas semanas antes, el 14 de agosto, la comisión de espectáculos, constituida por el conde de los Corbos (v conde, Isidro Mesía de Vargas y Pifarry), Ángel Iznardi y Fernando Corradi, había pedido a Juan Eugenio Hartzenbusch una pieza para festejar «el gran suceso de la paz» en una función a la cual sería convidado el capitán general del ejército, una pieza en la que, «a la par del ingenio del autor, luzcan los sentimientos patrióticos que el motivo refiere». Hartzenbusch, aunque decía no participar en cuestiones políticas, aceptó el encargo y propuso, más que una obra ambientada en el momento, otra de tipo histórico, en la que se observara cierta semejanza con los sucesos que se celebraban, y apuntó la posibilidad de mostrar algún rasgo de virtud cívica del Gran Capitán. A la comisión, sin embargo, no le pareció adecuado el asunto, ni que ninguno de los hechos del héroe, «acaecidos en una época de absolutismo [sic] y que ninguna analogía tiene con la actual, pueda simbolizar las acciones guerreras de los invictos generales y beneméritos ejercidas que con tanto patriotismo han derramado su sangre en defensa de las instituciones constitucionales». El dramaturgo, el día 21 de agosto, después de hablar con uno de los empleados del Ayuntamiento, Francisco Estrada, convino en ese parecer, y propuso entonces otro asunto sobre el logro de la libertad de Castilla, en tiempo de Fernán González, que hizo a esta independiente de la corona de León. Pero, al mismo tiempo,

---

[64] [REDACCIÓN], «Madrid, 27 de septiembre», *El Corresponsal*, 484 (27 de septiembre 1840), p. 4.

[65] BALLESTEROS DORADO, Ana Isabel, «Enrique Gil ante los estrenos teatrales de su tiempo: puntos en común y desencuentros con otros críticos», en Valentín CARRERA (ed.), *Enrique Gil y Carrasco y el Romanticismo*, León, Andavira y Universidad de León, 2015, pp. 411-431.

se hacía eco de ciertos rumores sobre la posibilidad de que no se verificasen aquellos festejos, a lo que contestó la comisión, el 26 de agosto, que así parecía, y le rogaban que suspendiera la continuación de la obra hasta nuevo aviso.[66]

No ha quedado constancia en los archivos de que nuevamente la comisión se dirigiera al vate al programar estos festejos, pero no resultaba fácilmente viable que Hartzenbusch escribiera algo conforme con su capacidad y con la situación en un plazo breve. Está claro que las deliberaciones y decisiones de la comisión de espectáculos no eran conocidas públicamente, ni parece que la redacción del *Eco del Comercio* estuviera al tanto de ellas. Así, lo que calificaba de error era resultado de la experiencia.

En la época parecían no quedar dudas al respecto incluso entre los exaltados. El propio Martínez Villergas, pese a sus diatribas contra nuestro comediógrafo, en su misma sátira contra él, en *El baile de las brujas*, lo ponía de manifiesto, relatando todo el suceso en cinco octavas reales:

> ¿Mas dónde hallar artista y colorido
> que hermosos nos retrate, siendo feos?
> No hay en la corte autor tan corrompido
> dijeron; mas colmaron sus deseos
> recordando un Brutón, muy conocido
> poeta de cuartel, que oliendo empleos
> será capaz, si por su influjo atrápalos,
> de adular a la bruja Marizápalos.
> Hízose la comedia, maldecida
> por todo el que la vio, y eso es aparte.
> Como era adulación no merecida
> y el coplero Brutón carece de arte [...]
> silbose la función, y horribles tramas
> hubo contra el autor, que de rodillas
> estuvo, hasta en los cuartos de las damas,
> debajo de los bancos y las sillas,
> de mesas y de armarios y de camas
> por huir de la rabia de pipiolos,
> rodando entre infinitos chirimbolos.[67]

[66] AVM, SS, E 3-465-13, «Invitación de la comisión de espectáculos a don Eugenio Hartzenbusch para que escriba una pieza dramática alusiva a la paz por los sucesos del Norte, 1840».

[67] MARTÍNEZ VILLERGAS, Juan, *El baile de las brujas, poema fantástico-político dividido en contradanzas*, Madrid, Imprenta de la plazuela de San Ginés, 7, 1843, pp. 119-120.

Retrato de Juan Martínez Villergas.
Por Francisco Pérez. Litografía de Wenceslao Ayguals de Izco.

Según el parecer del redactor o redactores del *Eco del Comercio*, el público sí había tenido razón en disgustarse al ver ridiculizado un cuerpo que había vivido unas jornadas juzgadas gloriosas, los milicianos nacionales, exagerando en escena «las informalidades en el modo de llenar el servicio».[68] En efecto, un cabo pasa la obra entera buscando a quien le corresponda cubrir una guardia, pues los milicianos han hecho tantos cambios entre sí, que la lista inicial se ha vuelto ilegible de anotaciones y modificaciones. Solo uno de los nacionales está pronto para cumplir con el servicio y hacer el relevo, aun cuando no le corresponde, y además disculpa a sus compañeros, por estar estos celebrando la fiesta a su modo.[69] Visto en la distancia, las chanzas admisibles en determinados momentos y por parte de personas de cuyas intenciones no cabe duda, resulta arriesgado explotarlas en ocasiones solemnes; en concreto, en una función en homenaje de un general como Espartero y en su presencia, como así mismo en la de los convidados pertenecientes a la Milicia, poca gracia podía hacer mostrar aquellos ejemplos de indisciplina y relajación en la ordenanza.

Otro defecto encontró la redacción del *Eco del Comercio* en la obra, defecto que en realidad provenía del sentir de nuestro riojano: «Pudo ofenderse también de que se creasen dos personajes poco dignos para satirizar al partido carlista extremo y al progreso mal entendido, porque ridiculizados ambos partidos

---

[68] [REDACCIÓN], «Madrid, 3 de octubre», *op. cit.*, p. 3.
[69] BRETÓN DE LOS HERREROS, Manuel, *La ponchada...*, *op. cit.*, pp. 5-6.

parece deducirse que el moderantismo es lo mejor y lo único respetable».[70] Por añadidura, no debe dejar de señalarse aquí que tales personajes, protagonistas de la pieza, fueron encarnados por el primer cómico y por la primera característica de la compañía, lo que ya suponía un subrayado añadido a sus respectivos caracteres e intervenciones.

Ahora bien, Bretón de los Herreros aplicó en esta pieza el juego de contrastes entre las actitudes de los personajes en que llevaba unos años cifrando la base de sus obras. La contraposición de dos opiniones y opciones vitales, además, la mantuvo en todas las comedias del periodo 1840-1843. En realidad, al respecto no hizo sino repetir un argumento similar al presentado en *Las improvisaciones*, como se explicó anteriormente. Si don Lupercio era un carlista mucho más extremo que el Homobono de *Las improvisaciones*, su mujer doña Librada, con su mención a la lectura de *El Huracán*,[71] se manifestaba republicana, como así mismo al quejarse del trastornado juicio de su hija y sus ilusiones aristocráticas, cuando aceptaría mejor que su «demencia tomase un rumbo demagógico, republicano». Quizás el personaje no entendía el significado del término «demagógico», pero sin duda los asistentes sí, y aquel chiste podía molestarles. Sin duda a detalles como este se refería la redacción del *Eco del Comercio* cuando afirmó, en general, que «Se pudieron sentir otras muchas alusiones y sales embozadas que parecían en absoluto desacuerdo con el espíritu del día».[72]

En cuanto a la mención de *El Huracán*, interesa señalar que no era precisamente el periódico más esparterista, sino que ocupaba una posición más radical y no dejó de censurar cuantos actos de arbitrariedad cometió el nuevo Gobierno. De hecho, sus redactores meses después serían conminados en su sede para que dejaran de escribir despectivamente sobre el duque de la Victoria. Ciertamente, como dirigido por el liberal exaltado Patricio Olavarría, abogaba por el sufragio universal, la desamortización y la máxima soberanía nacional. Así que Bretón de los Herreros no había dejado de reflejar la realidad del caso, de modo más o menos ocurrente.

Roca de Togores se detuvo a examinar el medio que más hostigó a Bretón, porque, a diferencia del *Eco del Comercio*, *El Eco de la Milicia Nacional* adoptó un punto de vista menos conciliador o sosegado y se manifestó mucho más extremista en sus determinaciones:

---

[70]   Cfr. [REDACCIÓN], «Madrid, 3 de octubre», *op. cit.*, p. 3.

[71]   Véase PÉREZ NÚÑEZ, Javier, «¡Menudo guirigay! Prensa y poder político en Madrid durante el régimen constitucional de 1837», *Historia Constitucional*, 19 (2018), pp. 209-250. *El Huracán*, sucesor de otro diario anterior llamado *La Revolución*, había sacado su primer número el 10 de junio de 1840. Su periodicidad no se mantuvo a lo largo de sus escasos tres años de duración. Véase, también, FUENTES, Juan Francisco, «El mito del pueblo en los orígenes del republicanismo español: *El Huracán* (1840-1843)», *Bulletin d'histoire contemporaine de l'Espagne*, 23 (1996), pp. 41-58.

[72]   [REDACCIÓN], «Madrid, 3 de octubre», *op. cit.*, p. 3.

«*Eco de la Milicia Nacional* […] le acusaba de una tendencia política maliciosa y ruin, poco digna de un ingenio español. ¡Nada menos! Y añadía: "sin embargo, solo el respeto al Duque de la Victoria, allí presente, fue la causa única de que la función no hubiese dado un resultado desagradable". Este resultado es el que le anunciaban a Bretón entre bastidores. "La Milicia Nacional, —concluye el citado diario —, se halla groseramente ofendida, y nosotros somos los primeros a pedir para ella el más solemne desagravio"».[73]

La redacción de este medio también aludió a lo poco adecuado de la pieza principal, *Amantes y celosos todos son locos*, de Lope de Vega, si bien entendía que se había suplido aquel «descuido» con el buen desempeño de los actores. Ahora bien, el público esperaba que con *La ponchada*, escrita expresamente para la ocasión y por un autor de nombradía, los asistentes iban a quedar resarcidos del todo. Por el contrario, continuaba el anónimo redactor, ya desde las primeras escenas los espectadores iban dándose cuenta de la «ingrata condición» de la pieza, que no podía ni siquiera considerarse sainete y que por su contenido no era sino «un sarcasmo dramático, en el que el autor no ha podido incurrir de buena fe porque aun poniendo todo su conato en hacer una cosa detestable de este género, es imposible que pudiera hacerla tan mala. Un coloquio ridículo sin argumento, sin objeto moral, sin lenguaje castellano», «una burla completa imperdonable». Por más desagravio que pidiera para la Milicia, pues, parecía juzgar que no había modo de disculpar al autor. Y, más todavía, estimaba que este había tratado a la Milicia Nacional como pudiera haberse hecho tras la llegada a España de los Cien Mil Hijos de San Luis, cuando el «tirano Fernando VII […] burló la buena fe de los honrados liberales para asesinarlos, aherrojarlos, esclavizarlos y escarnecerlos», y ni siquiera entonces semejante comediógrafo habría podido evitar la calificación de «injusto y de algo más». Pero este medio no solo culpaba a Bretón de los Herreros, sino que la empresa de los teatros, «que por otra parte no puede alegar ignorancia, se encuentra en descubierto».[74]

Julián Romea se había apresurado a remitir a los periódicos su escasa participación en la pieza, y en varios de ellos se publicó solo unas horas después del estreno un comunicado suyo, en el que hacía constar cómo él solo había escrito los versos del brindis y del himno, de los cuales respondía, y además rogaba que no se le atribuyeran ideas de interpretación dudosa.[75] Esta manifestación habría

---

[73]   MOLINS, marqués de, *Bretón…*, *op. cit.*, pp. 240-241.
[74]   [REDACCIÓN], «Noticias varias. A las doce de la mañana…», *Eco de la Milicia Nacional*, 55 (2 de octubre 1840), p. 3.
[75]   ROMEA, Julián, «Remitido», *Eco del Comercio*, 2346 (2 de octubre 1840), p. 4. Su apoderado, amigo, y próximo cuñado Luis González Bravo, fue uno de los invitados a festejar al general Espartero y así lo hizo con brindis y versos en un banquete. Es bien sabido que entre sus amigos figuraban numerosos exaltados, como Espronceda. Así que tenía a quien recurrir en caso de verse amenazado.

de doler vivamente a Bretón de los Herreros: él diría que eso le había impedido adelantarse a exonerarle de toda culpa ante los indignados pero, en realidad, la rapidez del actor-empresario en defenderse significaba dejarle cargar al comediógrafo solo con la ira de los que se sentían ultrajados, en lugar de intentar mediar y calmar los ánimos o, al menos, compartir con él el contratiempo. Más decoroso y honorable, más propio de un caballero noble —no debe olvidarse que Romea era bisnieto del marqués de Villafranca del Ebro[76] —, hubiera sido aceptar mancomunadamente con Bretón los resultados, como mancomunadamente habían firmado la pieza, sin deslindar dentro de ella lo hecho por uno y por otro. En cambio, de acuerdo con las máximas de la lealtad y amistad de la época, habría de ser Bretón quien saliera en defensa de su amigo y le exculpara, al atribuirse a sí mismo lo que suyo era: así, nuestro riojano asumió toda la responsabilidad en un comunicado, aunque de modo algo paradójico o incluso contradictorio, pues recalcaba cómo conocían el contenido de la pieza tanto Julián Romea como los miembros de la comisión y, seguramente, también el censor político, al cual solo aludía veladamente:

«Yo debo una pronta y franca satisfacción al público madrileño, y especialmente a su benemérita Milicia Nacional. A invitación de la comisión del Excmo. Ayuntamiento Constitucional que entiende en el ramo de espectáculos, trasmitida por el actor don Julián Romea, me encargué de componer una pieza dramática con el objeto de felicitar al Excmo. señor duque de la Victoria, asociándose a mi trabajo el mismo señor Romea, si bien es cierto que solo son de su composición los versos del final, a excepción de dos estrofas que, como el resto de la obra, fueron parto de mi mal aventurada pluma.

Por estar destinada dicha pieza a un objeto determinado, por haberla escrito, a causa de la premura con que se me encargó, en menos horas que las que luego empleó un escribiente para copiarla, por lo crítico de las circunstancias y porque siempre he desconfiado del mérito de mis escritos, comuniqué mi plan y leí la composición a mi colaborador; él la leyó a las personas cuyo parecer era indispensable consultar, y ni en la lectura, ni en cuatro o cinco ensayos que se hicieron del drama ocurrió observación alguna acerca de las expresiones que en la representación disonaron.

Con esta sencilla exposición de hechos, que a muchos son notorios y a todos parecerán sin duda muy naturales, no pretendo descargarme en lo más mínimo de la responsabilidad que me quepa en el asunto; pero ante todas cosas séame lícito rechazar la acusación de *venalidad* con que un periódico, mal informado, me denigra.

Yo no he brindado a nadie con la pieza en cuestión ni he solicitado escribirla, ni he recibido por ella estipendio alguno: al contrario, el señor Romea hizo presente de parte mía a los señores de la comisión de teatros que, condescendiendo

---

[76]   REYES, Antonio de los, *Julián Romea. El actor y su entorno (1813-1868)*, Murcia, Academia de Alfonso X el Sabio, 1977, p. 5.

a sus deseos, yo no quería otra remuneración que la honra de contribuir con mis débiles esfuerzos a la ovación del invicto caudillo a quien debe mi patria la paz por tantos años suspirada, y cuya exaltación a la cumbre del poder no puede mirar con malos ojos ningún partido, generalizada ya la revolución que dio principio en 1.° de setiembre».

Está claro que también procuraba disculparse, y aun acomodarse al resultado de la revolución, pero, sobre todo, salir al paso de las exageradas acusaciones del *Eco de la Milicia Nacional*. Para su desgracia, la protesta de su inocencia en ese extensísimo comunicado quedó sin efecto, a pesar de insertarse el 3 de octubre en distintos periódicos como *Eco del Comercio*, *El Correo Nacional* o *El Corresponsal*, con la diferencia de que este último periódico, de talante moderado, lo anunció en primera plana, en unas líneas de apoyo al comediógrafo. Otros, como el liberal *El Castellano*, se excusaron de no insertarlo el mismo viernes 2 de octubre en que lo recibió por haber llegado demasiado tarde a la redacción; ni el domingo 4, porque ya había aparecido en numerosos diarios, así que solo transcribió un párrafo, aunque, lo mismo que *El Corresponsal*, la redacción juzgaba que debían admitirse las disculpas del escritor, sobre todo cuando de ninguna manera podía apetecer sufrir los disgustos que le estaba ocasionando aquello.[77] En el resto del comunicado, el riojano se expresaba así:

«Dije antes que no pretendía eludir la responsabilidad que fuese mía, y lo repito ahora, aunque ciertamente fue más fatal que oficioso el contraerla. Las expresiones que tanto disgustaron al auditorio son mías, absolutamente mías; y no es hoy la menor de mis amarguras el ver que un amigo se haya anticipado presurosamente a mis deseos, a mi firme propósito de sincerarle para con las personas que se juzgan ofendidas siquiera se aumente la animadversión en que involuntariamente he incurrido.

Algunas ligeras chanzas acerca del aturdimiento de un cabo de la Milicia Nacional, que figura entre los personajes de mi fábula, y de la broma que le dan sus compañeros, alborozados por el gozo que a todos causa la próxima entrada del héroe de Luchana en esta capital, fueron desfavorablemente interpretadas, ¡atribuyéndome el indigno cuanto necio designio de zaherir y ridiculizar a la milicia ciudadana! ¿Pero cómo era posible que yo quisiera ni remotamente ofender a una milicia que tanto ha cooperado al exterminio de los carlistas armados, y al triunfo de la libertad, sin la cual yo no podría vivir en España, pues en infinidad de producciones mías, y por cuantos medios han estado a mi alcance, he luchado sin rebozo contra el despotismo? ¿Cómo había yo de escarnecer a sabiendas a un cuerpo en cuyas honrosas filas estaba militando, y de cuyos riesgos y fatigas he participado? Y cuando yo fuese tan inicuo, ¿habría de reservar mis diatribas para una

---

[77] [REDACCIÓN], «En el lugar correspondiente», *El Corresponsal*, 490 (3 de octubre 1840), p. 1; [REDACCIÓN], «Comunicado», *El Corresponsal*, 490 (3 de octubre 1840), p. 4; [REDACCIÓN], «El distinguido literato...», *El Castellano*, 1312 (4 de octubre 1840), p. 4.

ocasión tan solemne, habría de concitar de propósito, y sin ninguna defensa, sin esperanza, sin resultado, la pública indignación? ¿En qué cabeza medianamente organizada cupiera semejante acceso de frenética desesperación?

Un drama que desde que saliera de mis manos había de pasar por tantas otras; un drama que iba a ser representado ante dos mil personas, y entre ellas muchos milicianos nacionales, todas las autoridades y cuantas personas de poder y de influencia residen en Madrid, ¿es por ventura un anónimo alevoso, es un artículo que se ingiere de sorpresa o subrepticiamente en un periódico? ¿No se leía mi nombre en la comedia impresa y en el programa de la función? ¿Acaso me escondí yo como un asesino? ¡Oh! Mi conciencia estaba muy tranquila, y tanto que no solo un crimen como el que se me ha imputado, pero ni siquiera una indiscreción, un mero error de entendimiento creía yo haber cometido. Y sin embargo, confieso ingenuamente que erré; y no culpo a nadie, sino a mi mala estrella.

Confieso que aquel movimiento de cólera fue legítimo, como nacido del más noble pundonor; y que si en efecto hubiera yo por un momento abrigado las culpables intenciones que se me achacaron, merecería el más terrible castigo. Pero vuelvo a decirlo, y lo juro por lo más sagrado, yo escribí aquellas líneas sin el menor asomo de malicia: cuantos las oyeron antes de la representación las juzgaron inofensivas, o si hubo quien de ellas formase otro juicio, protesto que lo ignoré.

Últimamente, yo espero de las personas que lean este desordenado artículo, bañado con lágrimas de mi corazón; yo les ruego que para concederme la indulgencia que solicita tengan en cuenta la precipitación con que ha sido forzoso escribir, leer, juzgar, representar ese triste embrión literario; que me sirvan de abono los pocos méritos que he podido contraer defendiendo la causa de la libertad, la reputación de hombre pacífico, honrado e inocentemente laborioso, en que sin duda me tienen los que me tratan, sin distinción de partidos ni categorías, y la ingenuidad y buena fe con que paladina y formalmente me retracto y arrepiento de las palabras que han dado ocasión a la censura que me aflige».

Bretón, sin embargo, en su propia disculpa manifestaba valorar la figura de Espartero por su participación y logros frente a los carlistas, no por la revolución de septiembre, con lo que insistía en lo que la pieza ostenta, esto es, el ridículo y fracaso del personaje carlista y el triunfo liberal, asunto que no estaba en la celebración del día. Lo mismo cabe deducir de su protesta referente a la personal campaña literaria durante la guerra carlista, pues aquel trabajo no valía en aquellas fechas como garantía frente a los exaltados, precisamente porque la pugna habida había enfrentado a moderados cristinos y a exaltados esparteristas.

Más aún: Bretón insinuaba, tanto en su alusión a la victoria de septiembre como en el modo de aceptar su participación en los festejos, que se sometía a la autoridad del momento. Podía entenderse que estaba dispuesto a aceptarla con independencia de sus propias opiniones, del mismo modo que durante el reinado fernandino se había sometido a las disposiciones y a la censura de la época, y había escrito piezas de circunstancias o había estrenado las propias con motivo de festividades relacionadas con la onomástica o el cumpleaños del monarca. Incluso su propaganda anticarlista durante la guerra civil podría juzgarse, a la vista de este comunicado, como una manera de atraerse simpatías y garantizar su propia subsistencia teatral. Muy probablemente en este sentido razonaran, más o menos conscientemente, los miembros con algún poder en la Milicia Nacional, pues al día siguiente se insertó otro comunicado, esta vez de tal cuerpo, para expulsar de sus filas a Bretón. Entre los firmantes, se hallaba el capitán Pascual Madoz:

> «Reunida la oficialidad del 5° batallón de la Milicia Nacional de esta corte para adoptar una medida que indique clara y terminantemente la indignación con que ha visto el modo poco decoroso e injusto con que esta institución, una de las principales garantías del gobierno representativo, ha sido tratada por el señor don Manuel Bretón de los Herreros, subteniente de la compañía de granaderos de este cuerpo, en la pieza que se titula *La ponchada,* que se representó la noche del primero del corriente en la función teatral dispuesta por el Ayuntamiento de esta villa para obsequiar al invicto duque de la Victoria, indignación de que sin duda participaron todos sus compañeros de armas del ejército y milicia, así como los demás liberales de esta corte, *por unanimidad* ha resuelto declarar que no considera al mencionado señor Bretón de los Herreros digno de alternar con los oficiales que suscriben y que se comunique esta disposición a la compañía de granaderos para su inteligencia y demás efectos que producir pueda.
>
> Dolorosa, terrible es la resolución, pero necesaria, indispensable, cuando se trata de sostener el buen nombre de un batallón entusiasta de la libertad, cuyos individuos visten con orgullo el honroso uniforme de la Milicia. Madrid 3 de octubre de 1840 —El comandante José María Morente. —Mayor interino, Alejandro Sáez —El ayudante, José Fernando de Escauriaza-Abanderado, Antonio Sainz de Rozas [...] José María Morente».[78]

Además, sin haber dado tiempo a publicarse el comunicado de Bretón, en el mismo día 3 de octubre en que se insertó en la prensa, la Junta Provisional del Gobierno Provincial de Madrid había anunciado en la *Gaceta de Madrid* la «suspensión» de Bretón en su puesto en la Biblioteca Nacional (que ocupaba desde 1837), lo cual significa que el mismo día 2, o en la madrugada del 3, se había tomado esta disposición.[79] Es llamativo y honroso para la redacción del periódico radical y republicano *El Huracán,* periódico que aparecía en la obra como el que nutría de informaciones al personaje liberal ridiculizado, según se explicó anteriormente, haber mostrado una ecuanimidad poco frecuente en la época al publicar parte del artículo con el que el moderado y vespertino *El Corresponsal,* copiado luego tanto por *El Correo Nacional* como por numerosos medios

---

[78] MORENTE, José María, «Comunicados. I. Milicia Nacional de Madrid», *Eco del Comercio,* 2348 (4 de octubre 1840), p. 4.
[79] [REDACCIÓN], «Parte oficial. [...] La junta provisional...», *Gaceta de Madrid,* 2172 (3 de octubre 1840), p. 1.

de provincias, había salido en defensa del comediógrafo, afeado la resolución adoptada por el nuevo Gobierno y desenmascarado las auténticas intenciones de estos en el mismo día de la publicación del decreto:

> «En la *Gaceta* de hoy vemos la destitución que acaba de fulminar la junta pro- visional contra la persona de don Manuel Bretón de los Herreros, bibliotecario de la Biblioteca Nacional. Decimos destitución y no suspensión, porque todo el mundo sabe a qué atenerse, y mucho más desde que se nos ha prevenido que lo que hoy se dice no sirve ya mañana.
>
> Los motivos de esta providencia a nadie se ocultan. La desgraciada pieza dra- mática que tan mal fue recibida antes de anoche, ha excluido al señor Bretón de la Biblioteca. De su patriotismo nadie puede dudar; pero esto no es un título para ser bibliotecario: su conducta privada es irreprensible, esto es una recomendación para los oficios públicos de confianza; su reputación literaria es inmensa y bien merecida; esto es lo único que le daba derecho a su destino, y esta circunstancia, ni el derecho que de ella emana, no lo ha perdido el señor Bretón por una com- posición silbada por motivos enteramente extraños a la literatura. Si los empleos son para el servicio público, desconocen esta verdad los que destituyen a quien mejor puede al público servir».[80]

El Corresponsal concluía el artículo con los siguientes párrafos, copiados igualmente por el resto de la prensa, aunque no por *El Huracán*, lo cual resulta significativo, porque entonces este medio republicano se centraba en la defensa del comediógrafo y no en el resto de suspensiones efectuadas:

> «En el gran número de suspensiones que se han decretado, hay que hacer una observación importante: una parte muy desproporcionada de ellas ha recaí- do sobre empleos de ninguna influencia política. La misma Biblioteca Nacional, la Dirección de Estudios, las direcciones facultativas han sido un blanco muy prin- cipal de las reformas personales que nada aprovechan si no van acompañadas de reformas orgánicas. ¿Cómo explicar tan extraña preferencia? No acertamos por cierto [sic]: alguna ambición oculta hay, que ha señalado este campo para explotar.
>
> ¿Volveremos a oír algún día que la república no necesita de químicos ni de literatos? ¿Se proclamará el principio de que los empleos no son para la nación sino para los partidos que la dominan? Pero queremos prescindir de toda mira patriótica, convendremos en que todo se haga en beneficio de los partidos. Ay del gobierno, cualquiera que sea, el día en que los hombres que valen algo en su saber, sean arrojados a la oposición».[81]

---

[80]   [REDACCIÓN], «De *El Correo Nacional* tomamos lo que sigue», *El Huracán*, 99 (5 de octu- bre 1840), p. 4.

[81]   [REDACCIÓN], «*El Corresponsal* del mismo día decía lo siguiente», *El Correo Nacional*, 985 (5 de octubre 1840), p. 4; [REDACCIÓN], «Destituciones», *El Corresponsal*, 490 (3 de octubre 1840), p. 1.

En efecto, según se mencionaba en el editorial, las represalias por diferencias de opinión no solo afectaron a Bretón de los Herreros: en la misma Biblioteca Nacional, el justamente renombrado Agustín Durán, director de aquella, también sería depuesto de su cargo, a favor de Martín de los Heros.[82] Para entender el alcance relativo de tal disposición, debe tenerse en cuenta que Durán, ya con cincuenta años, había consagrado su vida al estudio de la literatura, y su autoridad como crítico no tenía parangón,[83] mientras que Martín de los Heros había dedicado su actividad pública al ejército y a la política.

También se verían desterrados varios redactores de *El Correo Nacional*.[84] *El Huracán* no dejaría de censurar razonablemente la medida, que parecía haber afectado a Juan Bravo Murillo, Manuel Pérez Hernández y Francisco Pacheco: entendía que a ningún ciudadano se le podía imponer una pena más que por los tribunales competentes, después de un proceso y de acuerdo con una ley vigente. Así, en caso de entender que aquel diario había publicado «doctrinas peligrosas», al editor responsable le correspondía sufrir las consecuencias, a él habría que denunciarle y aguardar a que el jurado dictaminase. «Pero perseguir a los que se supone redactores de un periódico por los artículos insertos en él, arrancar a un ciudadano del seno de su familia por una medida arbitraria, sería la conducta más absurda y tiránica». Adoptaba *El Huracán* esta postura a pesar de que *El Correo Nacional* había sido el que más había aplaudido anteriormente la arbitrariedad ejercida por el Ministerio Arrazola contra aquel, y eso volvía a honrarle, como demostración de que, según reclamaba, solo miraba el compromiso en que con tal conducta quedaban los derechos de todos. Sobre el asunto se insistió tres días después en el mismo periódico.[85]

Ahora bien: ¿a quién o a quiénes benefició la salida de Bretón de la Biblioteca Nacional? Uno de ellos fue el crítico y escritor Enrique Gil y Carrasco quien, por su amistad con Espronceda y con Eugenio Moreno, entre otros liberales progresistas, recibió el 28 de noviembre el puesto fijo de ayudante segundo en dicha biblioteca.

Otro de ellos fue Miguel Agustín Príncipe, para quien parecía estar pensada la plaza de la que había sido relevado nuestro comediógrafo. *El Correo Nacional* habría de denigrar a Príncipe ironizando sobre cómo había colaborado en *La Prensa*, periódico reaccionario, luego se había manifestado ministerial, y última-

---

[82]   Véase, de GARCÍA MUÑOZ, Montserrat, «Martín de los Heros de las Bárcenas», *Diccionario Biográfico Español*, Madrid, Real Academia de la Historia, 2009, vol. XXVI, pp. 49-52.

[83]   GIES, David Thatcher, *Agustín Durán: a Bioghaphy and a Literary Appreciation*, London, Tamesis, 1975.

[84]   [REDACCIÓN], «Boletín español. Madrid, 18 de septiembre», *El Conservador*, 3 (19 de septiembre 1841), p. 23.

[85]   [REDACCIÓN], «Se nos ha asegurado…», *El Huracán*, 104 (10 de octubre 1840), p. 2; [REDACCIÓN], «Sobre el confinamiento…», *El Huracán*, 106 (13 de octubre 1840), p. 2.

mente aplaudía la revolución de septiembre.[86] El autor de *El conde don Julián* se apresuró a replicar en un comunicado enviado y publicado en diversos periódicos, como el *Eco del Comercio* el mismo día de su emisión, o el *Corresponsal*, dos después. Allí aseguraba haberse separado de la redacción de *La Prensa* a los pocos días de fundarse, por no estar de acuerdo con sus ideas; haber preferido morirse de hambre que figurar entre los reaccionarios. Y, aunque reconocía haber cantado al «glorioso pronunciamiento de septiembre», añadía que los asuntos del «progreso y la libertad» le habían servido de asunto a sus trabajos. Por lo que respectaba al nombramiento de bibliotecario, negaba que se le hubiera dado el destino antes ostentado por Bretón y que él tuviera la «necia pretensión» de pretender emular al comediógrafo.[87]

Los estudiosos de Príncipe no han dejado noticias sobre el particular, pero es bien sabido que, en efecto, ocupó una plaza de bibliotecario el poeta que hasta entonces había estrenado una sola obra y había colaborado en *El Entreacto*.[88] No obstante, quizás el único motivo para salir al paso de las críticas provenía de no ser aún oficial el nombramiento, y si Príncipe dejaba que le tomaran por antiguo absolutista, podía quedarse sin el puesto. *El Correo Nacional* insistió en el tema: el 18 del mismo mes se publicó la carta de un corresponsal en la que lamentaba haberse aumentado el número de empleados en la Biblioteca Nacional y haber reducido sus sueldos a cambio, cosa que se había hecho también en el resto de instituciones del Estado, aparte de despreciar a quien, a la vista del drama *El conde don Julián*, «pocos servicios literarios podrá prestar en su destino», mientras se había expulsado a Durán y a Bretón de unos puestos en los que nadie podía reemplazarlos dignamente.[89]

El periódico satírico *El Trueno*, fundado en diciembre de 1840, partidario de María Cristina y contrario a la situación creada, no dejó de denunciar con expresivos dicterios las injusticias que, en su sentir, siguieron a la de Bretón, como la elección de sus sustitutos en el cargo: «El señor Cortina ha nombrado bibliotecario de la Nacional a don Martín de los Heros, al tocayo del rey don Martín, el *gato belga*, el personaje de cuyas simplezas se ríe toda España. ¡De qué especie de literatos se componen las filas de los iroqueses! ¡Qué miseria! ¡Qué asco!».[90]

[86]   [REDACCIÓN], «Se nos asegura que el señor Príncipe...», *El Correo Nacional*, 1044 (2 de diciembre 1840), p. 4.

[87]   PRÍNCIPE, Miguel Agustín, «Comunicado», *Eco del Comercio*, 2409 (4 de diciembre 1840), p. 4.

[88]   ALDEA GIMENO, Santiago y SERRANO DOLADER, Alberto, *Miguel Agustín Príncipe. Escritor y periodista (1811-1863)*, Zaragoza, Institución Fernando el Católico, 1989, pp. 297-302.

[89]   CORRESPONSAL, «Sevilla 12 de diciembre», *El Correo Nacional*, 1060 (18 de diciembre 1840), p. 2.

[90]   Iroqués era otro término para referirse a los progresistas [REDACCIÓN], «Avispero», *El Trueno*, 2 (2 de diciembre 1840), p. 4.

Otras figuras más o menos conocidas hoy salieron también beneficiadas, como León Sánchez Quintanar, «perpetuo acompañante del famoso cura Charco» y cirujano del que se hizo burla por haber estado contratado de joven en una compañía de bailarines: «su vida es un tejido de curiosas aventuras que dejan muy atrás las de nuestro Gil Blas de Santillana».[91] El afectado, en un comunicado, especificó que la plaza asignada era de cuarto ayudante de bibliotecario, y que era médico cirujano, lo cual quería decir, en la época, que había estudiado la carrera de Medicina: en la época muchas veces los cirujanos solo eran barberos de profesión, esto es, personas sin estudios universitarios. Respecto a sus actividades como bailarín, no las aclaró.[92]

Lo llamativo del caso es haberse montado esta pieza en otros lugares del mundo, como en Buenos Aires en 1842 y en Méjico en la temporada 1842-1843, según ciertos estudios.[93]

El cuarto de hora

Es hecho repetido entre los especialistas que, según consignó el sobrino de nuestro comediógrafo, esta fue la última pieza que Bretón de los Herreros estuvo repasando el 1 de noviembre de 1873, antes de verse acometido por el malestar de la pulmonía de la que murió una semana más tarde.[94] Puede tenerse este por un síntoma del aprecio sentido por esta producción suya, antepuesta a otras en la selección parisina de sus obras. A Le Gentil, sin embargo, pese a conocer esta preferencia, no pareció interesarle particularmente, y solo citó la obra para ilustrar el espíritu aristofanesco de Bretón al crear tipos como el del ricacho andaluz pretencioso.[95]

---

[91]   [REDACCIÓN], «Avispero», El Trueno, 12 (16 de diciembre 1840), p. 4. Respecto al «cura Charco», se trataba de Cayetano Charco Villaseñor y Valiente, uno de los catorce eclesiásticos que habían participado en las Cortes de 1836-1837, elegido diputado por Toledo. Véase [DIRECCIÓN GENERAL DE PUBLICACIONES OFICIALES], Calendario manual y guía de forasteros en Madrid, Madrid, Imprenta Nacional, 1837, p. 107.

[92]   SÁNCHEZ QUINTANAR, León, «Comunicado. Madrid 17 de diciembre», El Trueno, 16 (31 de diciembre 1840), p. 3. León José Antonio Sánchez Quintanar y Sánchez Nieto (20.I.1800-16. III.1877), en 1844 llegaría a catedrático de Patología Quirúrgica, aparte de conocérsele como historiador y bibliófilo. Véase MICÓ NAVARRO, Juan Antonio, León Sánchez Quintanar (1801-1877). Vida, obra y biblioteca, Valencia, Universidad de Valencia, 1987 [Tesis doctoral].

[93]   PELLETIERI, Osvaldo et al., Historia del teatro argentino en Buenos Aires, Buenos Aires, Galerna, 2005, tomo I, p. 69; OLAVARRÍA Y FERRARI, Enrique de, Reseña histórica del teatro en Méjico, Méjico, Imprenta, encuadernación y papelería La Europea, 1895, tomo II, p. 58.

[94]   B.[RETÓN] O.[ROZCO], C.[ándido], «Apuntes sobre la vida y escritos de Bretón de los Herreros», en Obras de don Manuel Bretón de los Herreros, Madrid, Ginesta, 1883, tomo I, p. XVI [III-XVII].

[95]   LE GENTIL, Georges, Le poète Manuel Bretón…, op. cit., pp. 52, 72, 127, 253, 271-275.

Ermanno Caldera supo entender el tema esencial de la comedia, consistente en probar cómo toda mujer sufre un cuarto de hora durante el cual se muestra abierta a aceptar una proposición de matrimonio, asunto escasamente atendido en la producción bretoniana, a su entender, unido aquí a un uso del tiempo en clave romántica para un mensaje romántico también.[96] Miret ha recordado esta apreciación, como asimismo puso de ejemplo esta obra al señalar el procedimiento bretoniano de jugar con dos planos espaciales en el escenario, por medio de ventanas o vidrieras (de una reja, en este caso), de forma que uno de ellos representaba la realidad y el otro una forma de ficción, a manera de teatro dentro del teatro: Carolina observa a través de la reja a un pretendiente suyo cortejando a su tía de cincuenta años para darle celos y, de modo equivalente, otro pretendiente tímido, Ortiz, logra declararse a su amada Carolina gracias a la tramoya creada por esta para facilitárselo simulando tratarse de una ficción, mientras el resto de los personajes contempla la escena desde el otro lado de la reja. También le sirvió a Miret esta pieza para ejemplificar cómo nuestro autor creaba personajes cuyas emociones muchas veces no se explicitan verbalmente: a la auténtica pasión no solo acompañan, en el caso de Ortiz, la mudez y la torpeza retórica, sino el temblor y la turbación. Igualmente, se representaba en esta obra de modo realista la divergencia entre sentido e interpretación de un gesto, el del abrazo: de tal manera Ortiz agradece a la criada su ayuda, mientras esta lo entiende como prueba de amor hacia ella. Se refirió, igualmente, a la «graciosa letrilla» de doña Liboria, en que candorosamente expresa sus ilusiones y cierta inquietud por el paso del tiempo y el plazo, tema esencialmente romántico.[97]

Miguel Ángel Muro, que tachó de horrorosa esta comedia, y de «desdeñosa e insufrible» a su protagonista femenina, concuerda con varias de estas apreciaciones de Miret: a propósito de enumerar las veces que Bretón introducía personajes poetas en sus obras, con frecuencia para ridiculizarlos, ha destacado la técnica de idear un personaje incapaz de lucir una retórica satisfactoria o de escribir un soneto a la mujer que ama, y que acaba sirviéndose de otra fórmula diferente de declaración, después de sufrir cómo ella, Carolina, se impacienta con las consideraciones que va haciéndole. Además, se refirió al recurso bretoniano repetido de convertir la carcajada de un personaje femenino en ariete de las risas del público, a la vista del ridículo en que caían los otros personajes, en concreto el pretendiente andaluz.[98]

---

[96]   CALDERA, Ermanno, *La commedia...*, *op. cit.*, pp. 214-215.

[97]   MIRET, Pau, *Las ideas teatrales...*, *op. cit.*, pp. 82, 89, 93, 189, 236, 291, 297-298, 304, 312-313.

[98]   MURO, Miguel Ángel, «La autoconciencia retórica en el teatro de Bretón de los Herreros», *Berceo*, 143 (2002), pp. 67-78; ÍDEM, *La confección...*, *op. cit.*, p. 82, 235.

Uno de esos personajes ridículos es doña Liboria, la tía de Carolina, mujer de casi medio siglo: Flynn dedicó a esta obra unas líneas en su estudio sobre nuestro comediógrafo, para inferir cómo se establece en ella que ese cuarto de hora solo resulta aceptable para las jóvenes hermosas. No tenerlo en cuenta convierte en grotesca a una mujer que, pasados los cincuenta años, cree ser requerida en amores.[99]

La revisión de la prensa en los días del estreno prueba que al rencor persistente hacia nuestro comediógrafo por parte de los diarios exaltados se oponía, como contrapartida, el apoyo de alguno de los conservadores, a través de sus críticos y articulistas, y de otros medios de menor parcialidad política, como los literarios. En dos de los de signo moderado, en concreto en *El Cotidiano* y en *El Corresponsal*, se mencionó el deseo de resarcir al escritor. Diego Coello y Quesada veía algo más que un triunfo escénico y que una ovación al talento en las palmadas con que cada noche, no solo en la del estreno, se premiaba a Bretón; veía también esa pretensión de anular o de contrapesar la «terrible ingratitud» cometida anteriormente contra el autor, en referencia, por supuesto, a los sucesos de octubre de aquel año y a propósito de *La ponchada*: «¡Gloria al pueblo que ha sido bastante grande para avergonzarse de lo que hiciera en un momento de vértigo y locura!».[100]

Quizás fue el articulista de *El Cotidiano* el primero en elogiar los aciertos de la comedia y en resaltar la buena acogida pública: «Una novedad sola, pero novedad de bulto hemos tenido en la última semana».[101] También de los primeros hubo de ser el semanario *El Entreacto*, pese a no llevar fecha, pues el estreno de esta pieza lo anunció como aún no verificado en el número 23 y como muy recomendable por el nombre de su autor. Con la reticencia «Veremos», se advertía sobre el posible desengaño, pero confirma que aún no se había producido. En el siguiente número, la reseña de la pieza encabezó la entrega, en primera plana, con todo tipo de alabanzas al texto, a los actores, al efecto causado y al «brillantísimo» triunfo obtenido.[102]

El resto de los medios tardó al menos una semana en publicar sus comentarios. Coello de Portugal formaba parte, con sus compañeros de redacción en *El Corresponsal*, del público deseoso de compensar al riojano, y sin duda por eso en su artículo parece evitar referirse negativamente a la obra, como si le pareciera una injusticia poética: «No sabríamos, no podríamos aun cuando quisiéramos

[99]   FLYNN, Gerard, *Manuel Bretón de los Herreros...*, *op. cit.*, pp. 66-67.
[100]   COELLO Y QUESADA, Diego, «Folletín. Revista teatral», *El Corresponsal*, 567 (19 de diciembre 1840), p. 1 [1-3].
[101]   [REDACCIÓN], «Revista semanal. Teatros y otras cosas», *El Cotidiano*, 73 (13 de diciembre 1840), p. 2.
[102]   ****, «Teatros», *El Entreacto*, 23 (¿6 de diciembre 1840?), p. 178 [177-178]; ****, «Teatros. *El cuarto de hora*, comedia original en cinco actos y en verso, representada en el del Príncipe», *El Entreacto*, 24 (¿13 diciembre 1840?), p. 185.

aparecer severos al juzgar *Un cuarto de hora*». Como a Ventura de la Vega y como a Larra años atrás, le parecía admirable que Bretón consiguiera entretener con los mismos elementos de otras veces. Pero lo cierto es que la pieza no podía gustar a Coello, a la vista de los ideales románticos que se transparentaban en sus artículos.[103]

> «En esa ilación de bellísimas escenas que acaso no son una comedia, pero que forman un drama lindísimo de ese género que el poeta se ha creado, que solo él comprende admirablemente, al frente de esos cuadros que recordáis haber visto otra vez pero que tenéis un placer en volver a mirarlos vestidos de nuevos y ricos colores, en medio de ese éxtasis producido por esa poesía que llega al alma cual una música deliciosa, la crítica no tiene sino humillar su frente y admirar al poeta. ¡Admirar al poeta! porque admiración merece el poeta que siempre con unas mismas figuras, con cuadros iluminados por iguales medias tintas, sin plan muchas veces, sin un pensamiento que os conmueva, sin un lazo que excite vuestra curiosidad os hace escuchar con un silencio solo interrumpido por los aplausos esas escenas llenas de sal cómica, de originalidad, de inagotable chiste, oír con atención profunda esa poesía dulcísima que os parecen los ecos de la lira, o el murmurar de un arroyo. Si hay un género dramático más grande que el creado por nuestro poeta, si hay una comedia…».[104]

A estos comentarios se sumarían días después los del también diario moderado *El Correo Nacional*, firmados por Ventura de la Vega, y los insertos en una revista con una tradición ya asentada, *Semanario Pintoresco Español*, que no se prodigaba demasiado en reseñas de estrenos, pero que contó en este caso con la firma del reputado José de la Revilla, catedrático de Literatura Española en el Real Conservatorio de Música y Declamación desde ese mismo año de 1840.

Revilla, partidario de la verosimilitud, especializado en Leandro Fernández de Moratín, cuyo teatro admiraba, y contrario a los excesos románticos igual que Bretón de los Herreros, se refirió a esta comedia en una revisión general de los estrenos teatrales efectuados desde el 13 de julio del año 1840, en que se había publicado en el semanario la última revista teatral.[105] Importa señalar que la destacó por ser la obra original, no traducida, mejor aceptada por el público en los seis meses transcurridos. Habían competido con ella, sin lograr alcanzar

---

[103]   BALLESTEROS DORADO, Ana Isabel, «Diego Coello de Portugal y Quesada (1820-1897)», Franz BAASNER, Francisco ACERO YUS (eds.), *Doscientos críticos literarios en la España del siglo XIX*, Madrid, Consejo Superior de Investigaciones Científicas, 2007, pp. 247-251; ÍDEM, «Diego Coello de Portugal y Quesada», Fernando DOMÉNECH y Eduardo PÉREZ-RASILLA (eds.), *Historia y antología de la crítica teatral española (1783-1936)*, Madrid, Ministerio de Ciencia y Tecnología, Instituto de las Artes Escénicas y de la Música, Centro Dramático Nacional, 2015, pp. 256-270.

[104]   COELLO Y QUESADA, Diego, «Folletín…», *op. cit.*, pp. 1-2.

[105]   REVILLA, José de la, «Crítica literaria. Revista teatral», *Semanario Pintoresco Español*, 1 (1841), pp. 2-4.

tal estatus, *El encubierto de Valencia* de García Gutiérrez; *Toros y cañas*, de Rodríguez Rubí, y *Cásate por interés y me lo dirás después*, de Santos López Pelegrín, que usaba el pseudónimo *Abenámar*. Se había estrenado también *Los percances de un carlista*, obra de circunstancias y de dos autores que no dieron su nombre y que solo vieron representarla una sola vez.

Interesa, sobre todo, el juicio de Revilla, porque parecía tener muy clara aquella preeminencia de la pieza bretoniana, cuando *Toros y cañas* se había ejecutado seis noches, esto es, solo una vez menos que la pieza de Bretón, pero su éxito había sido claro, y quedaría en la memoria y en los repertorios. Las obras de García Gutiérrez y de López Pelegrín se habían puesto tres días.[106]

El padre de Manuel de la Revilla no ensalzó la pieza desmesuradamente, sino que se mantuvo en los límites de la justicia al afirmar que «se funda en una acción sencilla, del gusto y carácter de todas las del señor Bretón. Pero sumamente animada por un diálogo vivo, ameno y fácil, salpicado de gracias cómicas para lo que tan flexible se encuentra siempre la pluma de su autor».[107] Con tales asertos coincidieron absolutamente todas las opiniones publicadas.

Ventura de la Vega, crítico ocasional más que colaborador fijo y compañero de trabajos del riojano, también usó términos comedidos a la hora de valorar aquella obra. Como había hecho antes el redactor de *El Entreacto*, «reviste la acción más insignificante, y no solo la reviste sino que la envuelve y alarga hasta la temible proporción de cinco actos, y no solo dura la comedia cinco actos, sino que el público durante todos ellos ríe, se interesa y aplaude».[108] También él alabó la capacidad de Bretón para llenar todos esos actos con solo cinco personajes, de modo similar a como Larra había juzgado, años antes, a propósito de *Un novio para la niña*, que Bretón había hecho tres dramas con un argumento del que a duras penas otros habrían sacado uno, si bien en aquel entonces esas palabras habían ofendido al comediógrafo. En cambio, en esta nueva ocasión, solo podía sentirse halagado. Concluyó que Bretón demostraba en aquellos casos su gran facilidad para producir «obras bellas dentro de la atmósfera que le era favorable, y en el terreno que le era conocido». Particularmente distinguían al autor la creación de caracteres y la rapidez, soltura, chispa de los diálogos, sin que ningún contemporáneo pudiera comparársele, y exclusivamente, entre los clásicos, pudiera parangonarse con Tirso de Molina…, pero eso solo en alguna de las mejores piezas del poeta áureo. Estimaba *El cuarto de hora* una de las más logradas obras del riojano, porque, aunque el argumento fuera, tal vez, el más

---

[106]   Véase BARBA DÁVALOS, *La música en el drama romántico español en los teatros de Madrid (1834-1844)*, Madrid, Universidad Autónoma de Madrid, 2013 [Tesis doctoral], pp. 418, 428, 453, 374.

[107]   REVILLA, José de la, «Crítica…», *op. cit.*, p. 4.

[108]   ****, «Teatros. *El cuarto de hora*…», *op. cit.*, p. 185.

sencillo de todos los suyos, había conseguido crear escenas «tan delicadas, rasgos tan finos, como nunca hasta ahora habían salido de su pluma».[109]

Roca de Togores habría de referirse en su biografía a aquellas palabras de Ventura de la Vega. También a su juicio, tamizado por los años, esta era una de las mejores piezas del autor, si bien no mejor que *Muérete... ¡y verás!*, *Ella es él*, *¡Una vieja!* o *El pelo de la dehesa*. Le parecía una muestra del género predominante del riojano y en su sentir debería haber sido el modelo de las siguientes: sin profundidades filosóficas, sin pretensiones políticas o sociales, con ambientación en la época contemporánea, con personajes de las clases medias y caracteres medios, delineados «no con enérgicos colores o violentos contrastes de claroscuro, sino con medias tintas apacibles y delicadas, y con rasgos maestros, que dan verdad y parecido a los retratos, sin aspirar a producir fuertes impresiones en quien los mira».[110]

Cabe preguntarse sobre los motivos para guardar silencio otros articulistas habituales de determinados medios. Por ejemplo, el aún muy joven Ramón de Navarrete, que tan rigurosamente censuró con sus criterios clasicistas, antes y después, las comedias de nuestro autor,[111] no publicó ningún comentario por el momento, y solo a propósito del siguiente y peor recibido estreno del riojano, contra el que arremetió, sacó a relucir esta obra, que calificó de deliciosa, para contraponerla a la nueva:

> «...tornando la vista hacia el bello edificio de oro y filigrana que se ve un poco más lejos, y que ha por nombre *El cuarto de hora*. [...] Nosotros que hemos sido severos tantas veces con el señor Bretón, sin dejar por eso de ser justos, y porque en mucho teníamos su talento, queremos [...] consolarnos de la pobreza de hoy con la riqueza, con el esplendor de ayer. Y, así, no vamos a hablar de *Dios los cría*, sino a recordar *El cuarto de hora*. [...] queremos proscribir la censura de ahora, siquiera porque debemos el elogio de antes. Después de haber visto aquella, id a ver esta y entonces seréis indulgentes como nosotros lo somos».[112]

Ciertamente, el crítico no escribía para el diario con una periodicidad establecida, pero... ¿por qué no publicó en su momento la reseña? ¿Acaso no supo qué argumentos esgrimir contra ella y no quería elogiarla? También puede pensarse que fue el medio en que se insertaban sus artículos, *Gaceta de Madrid*, periódico oficial y cuyos responsables nombraba el Gobierno, el que no le permitió publicar nada favorable y sí aceptó, en cambio, que se hablara de otra obra posterior peor recibida.

---

[109]   VEGA, Ventura, «Folletín. Teatros. *El cuarto de hora*: comedia en cinco actos, en verso, de don Manuel Bretón de los Herreros, representada en el del Príncipe», *El Correo Nacional*, 1063 (21 de diciembre 1840), p. 1 [1-2].

[110]   MOLINS, marqués de, *Bretón de los Herreros...*, *op. cit.*, pp. 261-263.

[111]   BALLESTEROS DORADO, Ana Isabel, «Ramón de Navarrete», *Historia y antología...*, *op. cit.*, pp. 271-274.

[112]   R.[amón] de N.[AVARRETE], «Teatros...», *op. cit.*, pp. 3-4.

Circunstancias del estreno: miedos del autor y agasajo público

Mariano Roca de Togores recordaba muchos años después que Bretón seguía, en el mes de diciembre 1840, atemorizado por los sucesos que habían seguido al estreno de *La ponchada*. De hecho, dijo no haber asistido a las reuniones de la Real Academia Española durante un tiempo, contra su costumbre, y en sus notas para la redacción del libro constató no haber acudido ni el 1, ni el 8, ni el 15 de octubre.[113]

Parece claro que Bretón de los Herreros, en caso de continuar probando suerte en los escenarios, debía evitar introducir cualquier alusión política, cosa que había constituido durante la guerra carlista una de las marcas de su quehacer teatral y que le había procurado grandes ovaciones y no menos risotadas del público, merced a los juegos lingüísticos, las actitudes de los personajes implicados y la suma oportunidad de las alusiones. Centrar una nueva pieza en una cuestión cotidiana de la época como era el galanteo y el coqueteo, suponía construir una nueva versión, hermana de otras obras suyas anteriores.

Según el marqués de Molins, había remitido a la compañía del teatro del Príncipe *El cuarto de hora*, pero ni siquiera había firmado la obra con su nombre, ni se la había leído a los actores, como otras veces, ni había acudido a los ensayos e incluso el día del estreno permanecía escondido,[114] quizás todavía en Burgos.[115] No obstante, el testimonio de Coello de Quesada parece desmentirlo, pues señaló que había salido a saludar al ser solicitado por el público, una vez concluida la representación y, para más detalles, según el crítico de *El Cotidiano*, apareció emocionado y apoyándose en el brazo de Julián Romea.[116]

Se sabe, además, que, al menos los días siguientes, se encontraba en Madrid. En concreto, el día 12 de diciembre, según su propio testimonio, volvió al teatro a ver la representación de su obra o, al menos, eso le sirvió de pretexto al declinar una invitación de Basilio Sebastián Castellanos para asistir a una función en la Sociedad del Instituto, de la que aquel era miembro fundador:

> «Hoy 13 de d[iciembre]
> Señor don B[asilio] Sebastián Castellanos:
> Amigo mío, agradeciendo a usted infinito la parte q[ue] ha tomado en mi satisfacción y al Instituto su buena memoria, ruego a usted que admita como legítima excusa de no haberme aprovechado anoche de los billetes con que me favoreció, mi natural deseo de asistir a la representación de *El cuarto de hora*.

---

[113]   MOLINS, marqués de, *Bretón de los Herreros…*, *op. cit.*, p. 258. La anotación se encuentra en el citado legajo de la Real Academia Española, Ms 318(2), carpetilla 4, documento 174.

[114]   MOLINS, marqués de, *Bretón de los Herreros…*, *op. cit.*, p. 243.

[115]   B.[RETÓN] O.[ROZCO], C.[ÁNDIDO], «Apuntes…», *op. cit.*, tomo I, p. XI.

[116]   [REDACCIÓN], «Revista semanal…», *op. cit.*, p. 2; COELLO Y QUESADA, Diego, «Folletín…», *op. cit.*, pp. 1-3.

En otra ocasión tendré sumo gusto en presenciar los adelantos de tan apreciable reunión y siempre será p[ara] usted sincero y afectuoso amigo.
Manuel Bretón de los Herreros»[117]

Los periódicos habían anunciado el estreno para el jueves 10 de diciembre, en una función en el teatro del Príncipe que no parecía tener competencia alguna con otros espectáculos en la capital: no había habido novedades teatrales en los últimos días, como no fueran los ejercicios gimnásticos de fuerza de los hermanos Turín, lo que quizá convencería a los interesados por entretenerse para acercarse aquella noche a ese coliseo.

Aquel generalmente se consideraba el mejor mes de la temporada, habida cuenta de que el frío desanimaba a la gente a buscar otras distracciones. Eso sí, cuando la temperatura bajaba en exceso, tampoco acudía a los teatros, pues allí las corrientes se hacían sentir particularmente. Y justamente esto estaba ocurriendo en aquellos días, según *El Cotidiano*. Este dato resulta relevante para entender en sus auténticas dimensiones la concurrencia en las noches de este estreno, que van a especificarse a continuación.

La velada se inició a las siete de la tarde, como era habitual en la temporada de invierno, con una sinfonía a completa orquesta, seguida de la comedia de Bretón de los Herreros, unas boleras robadas a seis y un sainete que no se especificó en los anuncios. El día 11 tampoco hubo de competir con función alguna en el teatro de la Cruz. El día 12, que era sábado, la representación comenzaba en el teatro del Príncipe a las siete, pero a las siete y media se ponía en el otro teatro principal la famosa ópera *Le nozze di Figaro*, que, sin embargo, en la época no gustaba en proporción con lo conocida que sigue siendo en nuestros días. A Coello, por ejemplo, no le gustaba: juzgaba que los cantantes tampoco sabían muy bien qué hacer con ella y simplemente la cantaban, lo que no estimulaba al público. El domingo 13, la nueva pieza de Bretón se mantuvo en cartel en el programa vespertino, a las siete y media de la tarde, después de una gran sinfonía a completa orquesta. En el mismo día, la función del otro teatro sí pudo suponer una buena competencia porque, según el juicio de algunos críticos, se cantó particularmente bien la ópera en tres actos *Beatrice di Tenda*.[118] En la función de las cuatro de la tarde se había puesto *El capitán azul*.

El lunes no se repitió la comedia, por haberse programado una función extraordinaria a beneficio del Colegio de la Unión para niñas huérfanas de militares y patriotas. Entre los intérpretes se encontraban varios miembros del primer batallón de la Milicia Nacional madrileña y la reina y su hermana habían

[117]   Biblioteca Nacional, Sección Manuscritos y Raros, *Cartas de Manuel Bretón de los Herreros*, MSS/ 20079/1. Reproducida también en SIMÓN DÍAZ, José, «Nuevas fuentes para el estudio de Bretón», *Berceo*, 2 (1947), p. 29 [25-29].

[118]   COELLO Y QUESADA, Diego, «Folletín…», *op. cit.*, p. 2.

anunciado su asistencia al acto, lo que animaba a muchos a adquirir entradas. Tampoco el martes 15, ni el miércoles 16 se repitió, por programarse la comedia *Sin nombre* y unos ejercicios gimnásticos de Turín y Rabel el primero de los días, y *Toros y cañas* el segundo. En el teatro de la Cruz se cantó la siempre aplaudida *Lucia di Lammermoor* y la no menos aplaudida *Cenerentola,* respectivamente, si bien esta última no respondió a las expectativas del público aficionado, a juicio tanto de Coello y Quesada como de Ventura de la Vega, a quien agradó tanto Filippo Galli como los aciertos de varios otros cantantes, pero no la *prima donna* Gabriela Gamarra, ni el conjunto de la representación, que había hecho salir al público «bufando» el primer día y había dejado casi desierto el teatro el segundo de ellos.[119] Esto podía beneficiar al teatro del Príncipe, si los fastidiados en el de la Cruz pasaban al otro coliseo a desquitarse.

Cuatro días en cartel no determinaba rotundamente el éxito de una obra: uno o dos días suponían fracaso; tres, tolerancia o aceptación moderada, según el contexto concreto, y algo parecido podría decirse de cuatro días. Siendo el estreno un jueves, permanecer hasta el domingo, que era cuando se esperaba mayor afluencia, suponía menor aceptación que un estreno en viernes con repetición hasta el lunes siguiente, porque, siendo primera jornada laboral de una semana, las entradas mermaban mucho, así que volver a ejecutar una obra ese día significaba creerla con tirón bastante. En el caso de *El cuarto de hora*, además, se programó de nuevo para el viernes de la siguiente semana, el 18, como se señaló en el anuncio, debido a «las vivas instancias de una multitud de personas que no pudieron adquirir billetes en las primeras representaciones». Se acompañó de un baile inglés con Matilde Saavedra y del sainete *El duende por amor o Los valientes de Lucena*. Mientras tanto, se había impreso y se vendía en las librerías de Escamilla y de Cuesta, como el resto de las obras bretonianas, por ocho reales.

De nuevo, aquel 18 de diciembre Bretón carecería de rival alguno en el teatro de la Cruz que le restase público. En cambio, en el salón del Liceo había un gran concierto vocal e instrumental, si bien es muy posible que los asistentes ya hubieran tenido ocasión de aplaudir la obra, por ser amigos del autor.[120] Hubo, además, otra circunstancia que también podía alejar a los espectadores aquella noche de reposición:

> «…el viento desgajaba las secas ramas de los árboles, los arroyos bajaban cual torrentes, la nieve vestía las altas cúpulas de las torres. Ya habían sonado las ocho y el viento silbaba aún en las ventanas, la lluvia seguía cayendo, y las corrientes llenaban las calles. Un momento temimos que el concierto o se suspendiera o

---

[119]   Ibídem; VEGA, Ventura de la, «Folletín. Teatros. *El cuarto…*», *op. cit.*, p. 2.

[120]   El comediógrafo participó muy activamente en la vida del Liceo desde su fundación, y allí alternaba con otros escritores y artistas amigos, especialmente en los meses siguientes a la «proscripción» exaltada. Véase MOLINS, marqués de, *Bretón de los Herreros…, op. cit.*, pp. 243-258.

fuera una función lánguida y fría. Al entrar en el salón del Liceo nuestros recelos se disiparon felizmente. Aquella magnífica sala, esplendente de luces, llena de gente, presentaba un aspecto brillantísimo».[121]

La comedia siguió en cartel el sábado 19, mientras en el otro coliseo volvía a cantarse *Le nozze di Figaro*, y para el domingo 20 se anunció ser aquella la última representación. Compartió función con *Los guantes amarillos* y con el mismo sainete de los días anteriores. En el teatro de la Cruz, se ponía *La prigione di Edimburgo*. Fueron pues, en total, siete los días que se mantuvo en escena en el mismo mes del estreno,[122] cosa que lograban muy pocas obras en la época.

Un texto con muchas ediciones

Otra prueba del éxito de la obra, de su permanencia en los repertorios, pero asimismo del cariño de Bretón hacia ella, lo son las diversas ediciones aparecidas desde la primera, impresa en Yenes en 1840, a la que se sumó la de 1848 de José María Repullés, amén de las contenidas en las *Obras* de 1850, en la parisina de 1853, reimpresa en 1875, y en la definitiva de 1883, recopilación para la que el autor desechó bastantes piezas.

Pero ni el manuscrito autógrafo, ni los empleados por los apuntadores se han conservado ni en las fundaciones, ni en las bibliotecas, quizá porque el empresario no estaba obligado, como cuando el propio Ayuntamiento se encargaba de los coliseos principales, a depositar las obras entre los enseres de los teatros y, además, seguían perteneciendo al autor. Conforme a lo establecido en este volumen, las citas se efectúan por la versión más cercana a la del estreno, la de 1840.[123]

El anuncio de la primera representación, redactado, parece ser, por nuestro comediógrafo, aludió a los criterios de escritura y a los que él debía de juzgar sus puntos fuertes:

«La acción de esta comedia es sumamente sencilla, aunque se ha procurado que no carezca de interés, y que este interés sea constante y progresivo. Antes que acumular lances sobre lances con riesgo de faltar a la verosimilitud, primera e indispensable condición de toda obra dramática, se ha cuidado de desenvolver con la debida naturalidad los diversos caracteres que figuran en la fábula, puestos en pugna por una pasión que avasalla todas, el amor, y siendo el eje de esta

---

[121]   COELLO Y QUESADA, Diego, «Folletín…», *op. cit.*, p. 2.
[122]   Véase BARBA DÁVALOS, *La música en el drama…*, *op. cit.*, pp. 217, 221, 407.
[123]   BRETÓN DE LOS HERREROS, Manuel, *El cuarto de hora*, Madrid, Yenes, 1840; ÍDEM, en *Obras de Manuel Bretón de los Herreros. Teatro*, Madrid, Imprenta Nacional, 1850, vol. III, pp. 133-163; ÍDEM, en *Obras escogidas*, con prólogo de Juan Eugenio Hartzenbusch, París, Librería Europea de Baudry, 1853, vol. I, pp. 168-200; ÍDEM, en *Obras de don Manuel Bretón de los Herreros*, Madrid, Imprenta de Miguel Ginesta, 1883, vol. II, pp. 431-462.

inofensiva máquina la irresolución o, si se quiere, la coquetería de una mujer. Si con tales elementos, y con solos cinco interlocutores, logra el poeta no fastidiar al auditorio, ya que no acierte a divertirle, quedará satisfecho».[124]

Al señalar la verosimilitud como primera condición de una obra dramática, estaba señalando la lógica de la acción, pero también la de los caracteres, sus reacciones, emociones y pensamientos a partir de una situación dada.

El adagio que sirve de título a la pieza lo recuerda Marchena en su primer diálogo con Ortiz y lo reitera Petra, en sus insinuaciones al secretario, que él entenderá en un sentido diferente al pretendido por la doncella: «Hablar para merecer / a ningún hombre desdora, / y ello... al fin... toda mujer / tiene su cuartito de hora». Más tarde también Ortiz se lo dirá a sí mismo para animarse en sus pretensiones y el público tendrá ocasión de comprobar cómo les llega ese cuarto de hora a las tres mujeres de la pieza.[125]

El redactor de *El Entreacto* decía haber criticado alguna vez a Bretón por lo excesivamente sencillo de sus planes, pero en esta ocasión «verdaderamente falta valor para repetir tal censura cuando el mismo defecto produce un esfuerzo de ingenio incomprensible y que tendrá pocos felices imitadores». Seguramente por este motivo no quiso resumir el argumento, «porque nada se indicaría con él, ni la más remota idea podrían formar nuestros lectores del efecto que produce la comedia. Es para verse, no para referirse.[126]

La obra, por lo demás, se asienta en una serie de presupuestos o prejuicios sociales de la época, que todos los personajes sostienen mientras pueden pensar sobre ellos fríamente, por no ver sus sentimientos o su orgullo comprometidos, pero que se tambalean en cuanto las emociones quedan implicadas. Y estos prejuicios pueden concretarse en los siguientes:

1. Solo son plausibles los matrimonios entre iguales.
2. Resulta ridículo el matrimonio de una mujer de edad con un hombre joven.
3. No cabe enamorarse de una mujer de cincuenta años.
4. Una mujer compromete su reputación o, al menos, se arriesga al ludibrio público proponiendo una cita a un hombre.
5. Compromete la buena fama de una mujer el que se haga pública una relación con ella sin mediar el matrimonio.

Se ha repetido mucho que las dudas de las mujeres respecto a su elección entre varios pretendientes constituye uno de los asuntos más repetidos por el autor, ya desde *Los dos sobrinos* y, particularmente, desde su aclamada *Marcela*.

---

[124] [EMPRESA DE TEATRO], «Diversiones públicas, Teatro del Príncipe», *Diario de Madrid*, 2085 (10 de diciembre 1840), p. 2.
[125] BRETÓN DE LOS HERREROS, Manuel, *El cuarto...*, *op. cit.*, 1840, pp. 12, 13, 34, 58, 85.
[126] ****, «Teatros. *El cuarto...*», *op. cit.*, p. 185.

Como en esta última comedia, en la nueva, la joven Carolina se debate, si no entre tres, entre dos pretendientes, cada uno de los cuales declara su amor conforme a sus respectivas personalidades, posiciones y expectativas sociales. Por su parte, de modo similar a *Los dos sobrinos*, el contraste entre los varones se establece por tratarse uno de una persona «de bien», pero sin bienes de fortuna, y el otro de un rico petulante: cada uno de los dos contendientes destaca entre sus iguales, uno por su dinero y otro por su talento.

Al estrenarse *Un tercero en discordia*, Larra había criticado la frialdad de la protagonista.[127] También fría y calculadora, orgullosa, como le señala su tía, parece Carolina frente al rico Marchena en esta nueva pieza: «Puede que le llegue a amar / algún día y que me case / con él; ¡mas sufra y espere! / Aún no ha penado bastante. / [...] ¿No dicen que valgo tanto? / Pues bien: lo que mucho vale, / mucho cuesta». No obstante, luego admite que es el temor a una elección equivocada lo que la detiene, motivo que volverá a aparecer en piezas posteriores: «Algunos hay buenos, sí, / pero otros son tan infames... / Al oír "marido" tiemblo / como si viniera el Draque»,[128] esto es, Francis Drake, como llamaban los españoles de la época al famoso pirata inglés.

Coello y Quesada recordaba que Bretón no era «el poeta del corazón humano, el intérprete de sus pasiones terribles, de sus arrebatos de fiebre, no es el poeta que conmueve hondamente vuestras almas presentando a vuestros ojos en toda su desnudez el cuadro de la humanidad», pero pintaba bien ciertos seres que podía haber encontrado escondidos en los pliegues de la sociedad: «¿No es verdad que conocéis todos al andaluz jactancioso y enamorado, vano y decidor que el poeta ha personificado en Marchena?». En cambio, el carácter de Carolina le resultaba menos claro: unas veces parecía una mujer alegre y vanidosa, coqueta pero no particularmente orgullosa, y otras se presentaba más apasionada, a la manera de Diana en *El perro del hortelano*.[129]

Por su parte, a Ventura de la Vega, que no por ser amigo de Bretón había de elogiar determinados elementos de la pieza en lugar de otros que sí pudiera estimar más, el personaje de la protagonista le parecía un «dechado de gracias y donaires mujeriles». Aportaba como ejemplo de conocimiento del corazón femenino por parte de Bretón, el hecho de que a Carolina le guste cierta décima que Marchena escribe en su álbum, en realidad compuesta de mala fe por Ortiz, porque cada verso contenía una alabanza a su belleza, aunque la décima en sí resultara detestable desde el punto de vista artístico.[130]

---

[127]   *Fígaro* [Mariano José de Larra], «Teatros. Cruz. Primera representación de la comedia original en tres actos y en verso titulada *Un tercero en discordia*, de don Manuel Bretón de los Herreros.— Noche del 26 del corriente», *La Revista Española*, 137 (29 de diciembre 1833), pp. 161-162.

[128]   Ibídem, pp. 15 y 16.

[129]   Coello y Quesada, Diego, «Folletín...», *op. cit.*, p. 2.

[130]   Vega, Ventura de la, «Folletín. Teatros. *El cuarto...*», *op. cit.*, p. 2.

En efecto, Ortiz, un personaje sencillo y con cierto sentimiento de inferioridad por su pobreza, guarda cierta semejanza con el Cándido de *Los dos sobrinos*, y del mismo modo acaba siendo favorecido por una mujer de mayor fortuna y belleza, como Catalina. En cuanto a las habilidades versificadoras, Ortiz se asemeja al trasunto del propio autor tal y como quedó reflejado en *El poeta y la beneficiada*. Tanto esta pieza como *El cuarto de hora* se inician con un poeta frustrado ante la revisión de una composición poética que no le sale a su gusto, tema tangencialmente vinculado con el tópico de las dificultades para escribir, o «la página en blanco»: se queja de haber invertido tres días enteros en intentar componer un soneto con el que declararse a la dama a quien sirve de secretario, soneto cuyos ripios sigue evitando o arreglando, hasta romperlo y deshacerse de él.[131]

También se hace comparecer al personaje de la mujer de edad consciente de lo inadecuado e incluso risible de pensar en amoríos a sus años, pero incapaz de vencer la tentación de ilusionarse ante la posibilidad de vivir un idilio y de casarse con un hombre más joven. Este tipo de personaje se asemeja al de Damiana, la protagonista de *¡Una vieja!*, obra estrenada el 29 de noviembre de 1839, y se contrapone al de la mujer de edad de *La fe de bautismo*, de Picard, traducida por Bretón y estrenada en el invierno de 1834.[132]

El cuadro se completa con Petra, una joven doncella inflada en sus ínfulas de hidalguía, de carácter relativamente novedoso en la galería de personajes bretonianos: guarda cierta relación con el de la prendera Amparo, de *Me voy de Madrid*, pues ambas repiten con insistencia pertenecer a una categoría social que su profesión desdice, para martirio de aquellos auténticos señores con los que trata y que con frecuencia procuran mantenerse en los límites de la cortesía. Por lo que respecta a la confusión que sufre en *El cuarto de hora* creyéndose amada por Ortiz, se trata de un motivo hasta cierto punto parecido a otro presente en *Muérete y… ¡verás!*, donde una mujer, asistente a la boda entre Matías y Jacinta, se cree objeto del amor del protagonista don Pablo, y hasta se figura que es a ella a quien mira y a quien va a pedir matrimonio delante de todos.[133]

Nuestro riojano caracteriza bien a Petra incluso por lo que respecta a lo reducido de su cultura, pues llama «coplas», al soneto de Ortiz. A ella se encarga, por otro lado, la descripción del secretario a través de tres cualidades: su

---

[131]   Aparecerá nuevamente este motivo en una obra posterior, *La batelera de Pasajes*: la primera vez que el espectador ve en escena al sargento Pablo, hombre al que se supone con una instrucción muy escasa, este se encuentra escribiendo una carta que ha de repetir varias veces hasta sentirse satisfecho del resultado. BRETÓN DE LOS HERREROS, Manuel, *La batelera de Pasajes*, Madrid, Repullés, 1841, pp. 17, 22, 25.

[132]   Véase BALLESTEROS DORADO, Ana Isabel, *Manuel Bretón de los Herreros…*, *op. cit.*, tomo I, pp. 108-116.

[133]   Ibídem, vol. II, 108-115, 272, 277-278, 384, 648-662.

«cortedad», es decir, su timidez, en el sentido dado en la época al término; su modestia «que no es propia de este siglo» y la gallardía de su persona.[134]

La comicidad se vierte a través de esta doncella y de Marchena, encarnados ambos, sin embargo, por actores de carácter serio, como eran Pedro Sobrado y Teodora Lamadrid. Quién sabe si precisamente por el contraste entre la presencia escénica, la entonación supuesta en estos actores y sus respectivas posiciones en la trama, se consiguió cierta hilaridad impensada. Porque despiertan la risa o, a lo menos, la sonrisa lo inesperado de las réplicas de Petra a un público que comparte con el resto de personajes la percepción de la muchacha como una criada.

Con todo, Bretón no satiriza al personaje, pues no crea a una mujer que simule, a sabiendas, un origen alejado del real: en su primer monólogo, parece estar cierta de su condición noble en su fuero interno y solo duda el público y lo entiende como figuraciones suyas cuando se cree objeto del amor de Ortiz, pues el secretario, en realidad, quiere a su señora, Carolina. Lo más llamativo y por tanto ridículo en la época se encontraba en que ella se juzga superior socialmente a él: «Él es del estado llano / y no tiene ejecutoria / como yo; pero el amor, / que sabe igualar las chozas / con los palacios…».[135] Se trata, pues, de un personaje incapaz de percibir la realidad en sus justas dimensiones, pero lo chocante de su comportamiento no alcanza el nivel de lo grotesco.

Nuestro comediógrafo, eso sí, explotó desde las primeras escenas la divergencia de imágenes de representación, esto es, la diferencia entre la imagen que Petra tiene de sí misma, junto con sus esfuerzos por proyectarla y convencer de ella a cuantos la rodean, y el trato que recibe por parte de quienes no perciben de modo espontáneo e inmediato esa imagen. Para mayor divertimento, nuestro riojano jugó con los equívocos a que daba lugar la polisemia en esta permanente oposición:

> MARCHENA: ¡Muchacha!
> PETRA: ¡Cómo muchacha!…
> MARCHENA: Perdona.
>   Este apelativo no es
>   de menosprecio en mi boca.
>   Aludo a tu juventud.
> PETRA: No soy ninguna pindonga. […]
>   Y aunque la ingrata fortuna
>   me tiene humillada ahora,
>   soy quien soy.

---

[134] BRETÓN DE LOS HERREROS, Manuel, *El cuarto…*, *op. cit.*, 1840, p. 3.
[135] Ibídem.

Petra se rebela permanentemente contra cuanto le parece señal de no ser considerada de acuerdo con la imagen de sí, y censura con acritud los frustrados intentos de no desairarla por parte de Marchena, quien echa mano incluso de un personaje cervantino:

> MARCHENA: Son cosas
> del mundo, amable Petrita.
> Una comedia famosa
> leí yo que se intitula
> *La más ilustre fregona.*
> PETRA: Aun esa comparación
> es inexacta, injuriosa;
> que yo no friego.

Las posiciones sociales relativas implícitas en el tuteo y en el trato de respeto también ocasionan una nueva protesta:

> MARCHENA: Por ti haría bancarrota.
> PETRA: Señor de Marchena, usted
> me tutea, y es muy poca
> consideración…

Del mismo modo, la doncella se niega con dignidad a recibir dinero, aunque acepte una sortija como regalo y admita no poder corresponder:

> MARCHENA: Pero aún no te he dado albricias […]
> Toma.
> PETRA: ¿Qué se entiende…? ¡A mí dinero! […]
> ¿Así se ultraja […]
> a Petra Alfonsa
> Sáinz de Barrientos?

Pese a lo poco ingenioso que se supone al personaje Marchena, Bretón no puede resistir la tentación de prestarle también a él las ocurrencias propias:

> MARCHENA: ¡Barrientos!
> Parece que pide escoba
> el apellido.
> PETRA: ¡Otra injuria![136]

La inadecuación creada en este personaje de Marchena por parte de Bretón de los Herreros constituye una fuente de humor o de ironía, a veces indirectos. Curiosamente, justo en aquello en lo que se juzga a sí mismo inútil, como componer versos, es de lo que, sin embargo, hace clara ostentación en ese mismo

---

[136] Ibídem, pp. 4-5.

momento, pues el autor pone en su boca algunos graciosos y bien compuestos, plagados de símiles que en la época eran sonoramente aplaudidos por su actualidad y su acierto al rimarlos, como cuando alude a la aclamada bailarina sueca María Taglioni, que estaba en aquellos tiempos recorriendo Europa y América; al no menos famoso torero Montes, o al financiero pamplonica nacido en Zugarramundi y de ascendencia noble Joaquín de Fagoaga, que había logrado casarse con una hija del conde de Tilly, marqués de Iturbieta, lo cual le había facilitado crecer en sus empresas.[137] Aún lejos de su quiebra de 1851, poseía fincas donde se toreaba o salas donde se hacían ejercicios gimnásticos, muy de moda por entonces, y hasta fue arrendatario del teatro de la Cruz poco después:

> MARCHENA: ...mas yo, que soy buen jinete,
> y elegante como Adonis,
> y tiro bien al florete,
> y bailo por diez Taglionis […]
> Yo, bravo toreador,
> que a Montes me dejo en zaga
> y soy la nata y la flor
> del Circo de Fagoaga […]
> No acierto
> a hacer una redondilla.[138]

No tan difíciles deberían resultarle, pues habla en cuartetas en ese momento. De hecho, empleará las redondillas para quejarse, como proponía Lope de Vega, aunque mueva a risa y no a compasión su determinación y amenazas, iniciadas a imitación de los románticos, continuadas con las mismas exageraciones, pero ahora de acuerdo con un materialismo que llega a lo caricaturesco y concluidas nuevamente según los tópicos del peor Romanticismo:

> Roto el pacto entre los dos
> usted dará cuenta a Dios
> de un alma que se condena.
> Pues mis dulces regocijos
> convierte usted en pesares,

---

[137]   Véase SOWELL, Madison *et al.*, *Icônes du ballet romantique. Marie Taglioni et sa famille*, Rome et Paris, Gremesse, 2016; ROMERO ARAGÓN, Jesús y MERINO CALVO, José Antonio (coords.), *Paquiro: Chiclana, 1805-2005. II centenario de Francisco Montes*, Chiclana, Ayuntamiento de Chiclana, 2005; TORRENTE FORTUÑO, José Antonio, *Salamanca, bolsista romántico*, Madrid, Taurus, 1969, pp. 171-178. Su partida de casamiento se encuentra en el AHPSSM, LC XL, f.º 64r. Allí figura, aparte de otros datos conocidos, que contrajo nupcias el 16 de junio de 1833 con Inocencia Manuela Micaela de Arizcun y Tilly, y que el caballero José de Fagoaga Dutari, tío suyo, fue el padrino. Véase también SERRANO ABAD, Susana, «Fagoaga Laurencena, Joaquín», en *Diccionario Biográfico Español*, Madrid, Real Academia de la Historia, 2009, vol. XVIII, pp. 287-288.

[138]   BRETÓN DE LOS HERREROS, Manuel, *El cuarto..., op. cit.*, 1840, p. 9.

quemaré mis olivares
y arrasaré mis cortijos;
daré la muerte al rival
que usted prefiera, y después,
como dos y uno son tres
me ahorco o me tiro al canal.[139]

La propia Carolina se echa a reír, como se espera del espectador, tanto por lo desproporcionado de la reacción, como por lo inesperado de oír referencias a los bienes del pretendiente y porque las amenazas ni siquiera se dirigen directamente contra Carolina.

Igual que en este mismo ejemplo, destacan en la pieza, como técnicas de comicidad, los distintos recursos retóricos de extremosidad, como las hipérboles en que incurre Marchena cada vez que se tercia elogiarse a sí mismo: «Tengo influjo en el senado; / como Pedro por su casa / entro en el real palacio; / tuteo a cinco ministros y a cuarenta diputados, / y el director del tesoro / hace lo que yo le mando».[140] Inesperadas y chocantes también, y por eso cómicas, son las «armas» del linaje de Petra: «Pues allí están / las armas de mi familia. / Un grifo, cuatro calderas…».[141]

Por lo que respecta al choque de caracteres, se aprecia suma simpleza en las emociones de unos y otros, en sus reacciones y en el modo de juzgarse mutuamente. Por razones algo diferentes de las reales, Marchena es capaz de captar que Carolina, antes de aceptarle por marido, «querrá torearme un mes», pero él no quiere someterse a tal pretensión, «No tengo yo tanta flema, / ni ya me estaría bien / suspirar como un cadete / arrodillado a sus pies / ¡[…] que para jugar conmigo / es ella poca mujer!»[142] y opta por intentar darle celos, como en *El desdén con el desdén*, segunda obra de nuestra tradición áurea que menciona el personaje y quizás no olvidada entre los espectadores, pues habían podido ver su reposición en 1837 en los teatros principales madrileños.[143] Así, en la siguiente escena con Petra, se manifiesta mucho menos interesado por Carolina y mucho más por lograr algo de la criada. Solo que la señora comprende el porqué de esta actitud, «¡Qué pobre hombre! Ya presumo / lo que habrá dicho. Que estoy / muerta por él. No le culpo, / que confesar su derrota / un andaluz es muy duro / […] ¡Cortejar a mi doncella / un elegante tan pulcro! / ¿Si pensará darme celos / con ese expediente absurdo?»[144]; y lo mismo pasará más adelante con doña Liboria, cuando el pretendiente despechado la

---

[139]   Ibídem, p. 20.
[140]   Ibídem, p. 38.
[141]   Ibídem, p. 57.
[142]   Ibídem, p. 21.
[143]   Barba Dávalos, Marina, *La música en el drama…, op. cit.*, 135, 433.
[144]   Bretón de los Herreros, Manuel, *El cuarto…, op. cit.*, 1840, p. 28.

requiera a ella en amores: «...desesperado / por alguna iniquidad / de Carolina, desea / suicidarse».[145]

Tampoco Ortiz quiere someterse a los caprichos de Carolina: «No quiero ser el bufón / de una frívola coqueta»,[146] pero, instado por ella, antes ha consentido en quedarse y dibujar en su álbum: «Si otra Circe enredadora / si diablo, más que mujer / no eres tú, a todo correr / se acerca tu cuarto de hora».[147]

Participan en la pieza personajes más cercanos a los tipos que a seres reales y diferenciados, heridos todos en sus respectivos orgullos de modo similar y que también reaccionan de modo parecido ante las indirectas humillaciones: tanto Petra como doña Liboria se revuelven ofendidas cuando Carolina da por sentada su superioridad frente a la primera por su condición social, y frente a la segunda por su edad, con lo que resulta también creerse mucho más digna que las otras dos mujeres de ser amada y obsequiada. Cuando Petra acusa a Marchena de haber querido abrazarla y Carolina se pregunta «¿Tan desesperado estuvo?», la doncella replica: «Poco a poco. No estoy yo / tan de sobra en este mundo / que solo un desesperado / se enamore de mi busto».[148] Habría de ser motivo de hilaridad, tanto la ruptura de expectativas que suponía la impertinencia de la señora para con la doncella, como la reacción de esta, sin duda apoyada en la entonación y en los gestos y ademanes.

Más realista y menos simple, pese a lo paradójico del caso, es que doña Liboria por un lado declare su edad y por otro parezca molesta cuando se la atribuyan: así, le dice al supuesto pretendiente Marchena, «¿Pero usted sabe / que peino ya la mitad / de un siglo?»,[149] cuando antes había puntualizado a su sobrina, sin duda algo picada, que no cumpliría los cincuenta años hasta el día de san Miguel arcángel[150]. Asimismo, tras explicarle Marchena la causa de desear casarse con ella, «Ya no hay que esperar constancia / ni juicio, ni cristiandad / sino en mujer que recuerde / el terremoto de Orán», ella replica, con no disimulado enojo, no haber ocurrido tal terremoto en su «tiempo»,[151] cuando en realidad sucedió en 1790, esto es, cabalmente, cincuenta años antes. Y pese a haber proclamado repetidamente la insensatez de casarse a sus años, mayor aún en caso de hacerlo con un joven como Marchena, cuando Carolina le echa en cara a su antiguo pretendiente aquella simulación: «Si por un necio despique / quiere a otra dama obsequiar, / siquiera urda usted la farsa / de un modo más natural, / más verosímil», doña Liboria, en un aparte, revela otro parecer:

---

[145] Ibídem, p. 40.
[146] Ibídem, p. 32.
[147] Ibídem, p. 28.
[148] Ibídem, p. 25.
[149] Ibídem, p. 40.
[150] Ibídem, p. 14.
[151] Ibídem, p. 42.

«No creo / que es tanta la impropiedad»;[152] y cuando Carolina se extraña del proceder de su tía, esta le contesta: «Lisonjas de un buen mozo / a todas suenan bien» y añade: «Nadie dice: de esta agua / no beberé… con sed», hasta expresar lo mismo que Julián cantando muchos años después, en *La verbena de la Paloma*: «(*Con la mano en el corazón*) Este dice que sí; / (*con la mano en la frente*) esta dice que no».[153]

Por su parte, Carolina se siente injuriada por Marchena, cuando el andaluz asegure haber puesto los mismos versos de su álbum en otros muchos: «…venirme con fieros, / y aquella risita falsa, / y aquel tonillo burlón, / y ¡la circular… oh! Cara / le saldrá la grosería. / A mí ninguno me ultraja / impunemente».[154] Pero, finalmente, también reconoce lo poco razonable de su comportamiento y se vuelve consciente de lo que el autor y parte del público pueden pensar de ella. Se sirve para enunciarlo de los paralelismos sintácticos y antítesis propias de las comedias áureas, en nuevas cuartetas:

> Mas, si arrepentido, llora,
> ¿por qué le reservo un no?
> Mas si en efecto me adora,
> ¿por qué le aborrezco yo?
> Si él se muestra vengativo
> es porque yo fui cruel. […]
> Yo culpé su indiscreción,
> pero ¿soy yo más discreta?
> Él no fuera fanfarrón
> si yo no fuera coqueta.[155]

Luego, debate entre este pretendiente y Ortiz, el secretario, como en una comedia de Tirso.[156]

En realidad, se trata de una obra bretoniana modélica en el sentido de que en ella se compendian los rasgos que Bretón ya había ido mostrando en otras anteriores, tanto por lo que respecta a su forma de pensar como por lo que respecta a los personajes. Se halla en ella, de manera semejante a como ocurría en *El poeta y la beneficiada*, una obra artística dentro de otra, pues parte de la trama aprovecha el recurso de una composición poética como indicio, como equívoco, como acto declarativo y como expresión metaliteraria del propio autor. También respecto al posible desenlace, Carolina y Ortiz dialogan en este sentido e incluso lo proponen a modo de comedia dentro de la comedia, como ya advirtió Miret y se mencionó anteriormente:

---

[152] Ibídem, p. 43.
[153] Ibídem, p. 46-47.
[154] Ibídem, p. 49-50.
[155] Ibídem, p. 71.
[156] Ibídem, p. 72.

CAROLINA: ¿Dos desenlaces? Entiendo.
El adverso y el propicio;
el clásico y el romántico. […]
Pero el uno de los dos
habrá de ser más legítimo,
más verosímil que el otro.
Podríamos divertirnos
representándole. Vamos;
yo soy ella: yo adivino
lo que piensa. Usted ahora (*con el dedo en el dibujo*)
saque a este pobre del limbo.[157]

Como en obras anteriores, Bretón estableció conexiones entre el carácter, tema o tono de los versos y las formas métricas empleadas. Ya se ha visto un ejemplo con Marchena, y también el personaje Ortiz se expresa en redondillas, y no solo para quejarse de amor, pues era una estrofa muy habitual en las comedias y dramas románticos en el momento. Alterna este tipo estrófico con el soneto. Más tarde, se servirá de las décimas cuando planifique en un monólogo cómo girar la situación a su favor, para expresar un pensamiento perfectamente diseñado y acabado. También con una décima acaba doña Liboria la comedia, estrofa adecuada por el redondeamiento que supone. En cambio, el tipo de estrofa más frecuente en los diálogos es el romance.

Pero para doña Liboria se reserva un monólogo cuyas coplas castellanas de pie quebrado y rima aguda generan una suerte de musicalidad festiva que se corresponde bien con el alborozo de la viuda, similar al que ya había procurado el autor en *¡Una vieja!*,[158] en un tipo de combinación poco frecuente en la literatura española, aunque el diseño de su rima se observa en algunos poemas de William Blake:

DOÑA LIBORIA: ¡Ay, de pensar en la cita
el corazón me palpita.
Cual si luciera otra vez
en la vejez
mi lozana primavera.
Huirá de mi alma el esplín
con la dicha que me espera
esta noche en el jardín.
Noche, tu curso apresura;
no retardes mi ventura.

---

[157] Ibídem, p. 81.
[158] BRETÓN DE LOS HERREROS, Manuel, *¡Una vieja!*, Madrid, Imprenta de Yenes, 1839, pp. 38-39. Véase BALLESTEROS DORADO, Ana Isabel, *Manuel Bretón de los Herreros…, op. cit.*, tomo II, pp. 651-652.

Los ojos del andaluz
           sean mi luz [...].
Voy a perder el juicio
esta noche en el jardín.[159]

Montaje austero realzado por los actores

Fiel a la costumbre de evitar complejidades escenográficas que encarecieran innecesariamente el espectáculo, la acción se sitúa en una única sala baja, con una reja en el foro por la que pudiera distinguirse un jardín, y sendas puertas a ambos lados por las que entran y salen los actores. Ni siquiera exige un decorado concreto: basta un mobiliario propio de personas más o menos acomodadas, «muebles decentes»[160] y unos telones de jardín que, por otra parte, solo habían de verse a través de una ventana. En los almacenes de los teatros había varios decorados disponibles, según cabe encontrar en el inventario de 1848, a saber, unos bancos de jardín donde pudieran sentarse doña Liboria y Marchena y ser vistos a través de una reja, tasados en veinte reales aquellos, y esta en veinticuatro. Pero rejas había otras muchas, de distintos tamaños, y veinticinco trozos de ellas de varias clases se tasaron en trescientos quince reales, como, asimismo, había un forito de jardín que también se tasó en veinte reales, y un cenador de jardín, con su forillo, en cincuenta y siete reales. Se contaba también con una escribanía de madera, de cinco piezas, tasada en treinta reales y que podía servir en esta obra, aunque solo se pidiera recado de escribir.[161] En el inventario aparece una cartera para dibujos, tasada en cinco reales en 1848, que podrían emplear los protagonistas.[162]

Los primeros galanes y damas de la compañía, que no podían sino admirar la veteranía de Bretón de los Herreros, aceptaron interpretar la pieza y, según Coello, a ellos habría de atribuirse gran parte del triunfo. Pero había de entenderse que los papeles habían estado bien repartidos y que el autor había creado sus personajes considerando las cualidades de cada uno y evitando personajes secundarios que hubieran de darse a las partes de por medio. En efecto, Romea, Sobrado, Díez, Llorente y Lamadrid eran ya las mejores figuras en la ejecución de determinados caracteres.

Gracias a los críticos espectadores, se cuenta hoy con algunos detalles concretos de la ejecución, muy aclamada: «...fue de lo más cabal que puede darse, y nos bastará decir que estaban encargados solamente de ella Matilde, Teodora Lamadrid, la Llorente, Romea mayor y Sobrado, para que se calcule con cuánto

---

[159]   Ibídem, p. 69.
[160]   Ibídem, p. 2.
[161]   BRETÓN DE LOS HERREROS, Manuel, *El cuarto...*, *op. cit.*, p. 2.
[162]   AVM, SS, E 4-215-28, «Teatro del Príncipe. Inventario...», *op. cit.*, f.º 53, 54r., 43v., 39r.

conjunto y perfección no debió hacerse [...] la ejecución individual y colectiva-mente fue perfecta».[163]

Julián Romea se mostraba encogido en presencia de su amada Carolina, en contraste con la animación con que se entrega a sus proyectos en la ausencia de ella, pero siempre dejando traslucir su timidez de fondo y cómo no se atrevería a ejecutar lo que ideaba, «matiz muy delicado que el señor Romea expresaba con suma verdad», según Ventura de la Vega.[164] En las escenas con Matilde Díez, «capitales en la marcha de la acción, y desempeñadas con una vida, una inteli-gencia y una intención cómica superiores a todo elogio, arrebataron al público. La del cuarto acto nada dejó que desear».[165]

Matilde Díez, que contaba a la sazón veintidós años, dio vida a Carolina.[166]

Matilde Díez, retratada por Francisco Guglielmi.
Litografía. Biblioteca Nacional de España.

Un tipo de papel similar, con las características indicadas anteriormente y con los precedentes señalados, lo había desempeñado en otras comedias breto-nianas, como cuando encarnó a las poco avisadas y mal influidas por los tópicos románticos Manuela de *Me voy de Madrid* o Casilda, en *El hombre pacífico*. Tam-

163 ****, «Teatros. *El cuarto...*», *op. cit.*, p. 185.
164 VEGA, Ventura de la, «Folletín. Teatros. *El cuarto...*», *op. cit.*, p. 2.
165 ****, «Teatros. *El cuarto...*», *op. cit.*, p. 185.
166 MURO MUNILLA, Miguel Ángel, «La autoconciencia...», *op. cit.*, p. 72.

bién la coquetería y frivolidad del personaje se parecían a los de otras comedias del autor, como se veía en la Cecilia de *El pro y el contra*, encomendado en el estreno de esta obra a Josefa Palma. Matilde Díez servía igualmente bien en personajes dramáticos como la Sancha de *Don Fernando el emplazado* o Isabel de *Muérete... ¡y verás!*, y en los de comedia. Años antes había sido muy aplaudida como la avispada y alegre gitana Preciosilla en *Don Álvaro o La fuerza del sino*, Isabel en *Los amantes de Teruel*, o la inocente Inés de *Carlos II el hechizado*. El personaje de Carolina carecía de dificultades para una actriz ya consagrada como ella y, cómo no, habría de recibir los parabienes de Ventura de la Vega, por haber pintado de modo muy auténtico a la mujer en su cuarto de hora, que busca a quién amar, pero con la cautela de que sea alguien digno de ese cariño, y que finge desdeñarlo cuando lo encuentra para hacerle pagar el coste de haber adivinado su pasión.[167]

Según Coello, a los espectadores les gustó especialmente la escena tercera del segundo acto, en que Ortiz le da la lección de dibujo a Carolina y modifica radicalmente las formas que ella había pergeñado de la diosa Diana, para transformarla en un retrato de la joven. El público había interrumpido mil veces con sus risas y palmadas aquella escena: «Si añadís que estos lindísimos versos los dicen divinamente Romea y Matilde, si les añadís toda esa gracia encantadora, esa bellísima coquetería con que Carolina reviste esa semideclaración amorosa a Ortiz, comprenderéis por qué esta escena fue aplaudida con tanto entusiasmo en el teatro».[168]

Por lo que respecta a doña Liboria, seguramente Bretón la ideó pensando ya en que habría de encarnarla Jerónima Llorente, que tantas alegrías le había dado como característica desde su vuelta a los escenarios para ese tipo de papeles en 1833. Incluso el nombre del personaje era el mismo que el de la madre de *Un novio para la niña*, papel cuya interpretación por la misma Llorente alabó Larra. Como viuda con ganas de volver a casarse de modo inconveniente por su edad y posición había estrenado *El ¿qué dirán? y el ¿qué se me da a mí?* y como mujer de edad sensata que, no obstante, llega a estar tentada por la posibilidad de ennoviar, había hecho el papel de Damiana en *¡Una vieja!*[169] como se recordó más arriba. Para *El cuarto de hora*, Jerónima Llorente no tenía sino que repetir unas maneras ya aprendidas en aquella otra pieza estrenada para su beneficio, que, por el momento, no se había repuesto en demasiadas ocasiones, pero llegaría a montarse mucho con el paso de los años. Los críticos percibieron su maestría una vez más: «...sin rival en la cuerda que desempeña: los versos de

---

[167]   VEGA, Ventura de la, «Folletín. Teatros. *El cuarto...*», *op. cit.*, p. 2.
[168]   COELLO Y QUESADA, Diego, «Folletín...», *op. cit.*, p. 2.
[169]   Véase BALLESTEROS DORADO, Ana Isabel, *Manuel Bretón de los Herreros...*, *op. cit.*, vol. II, pp. 17-18, 719, 142, 648-662.

pie quebrado con que concluye el acto cuarto, los dijo con una sensibilidad cómica insuperable».[170]

Teodora Lamadrid, aunque ya había cosechado algunos éxitos, a sus veinte años no había alcanzado aún la notoriedad que la acompañaría más tarde y que la convertirían en la primera dama de la escena española, tan recordada y aclamada como Matilde Díez. Dos años más joven que esta, desde que fuera contratada junto con el resto de su familia, había ejecutado papeles de ambos sexos, de distintas edades y condiciones. Bretón ya había podido contar con ella para el estreno de *El hombre gordo, Un agente de policía, Por la novia y por la dote, ¡Una vieja!* y *Lances de carnaval.* Había, por tanto, encarnado muy distintos personajes, desde su primer gran triunfo, con solo nueve años, en el papel de la pizpireta niñita Amelia de la traducción *La hermanita*, hasta dar vida a la algo resabiada y escéptica viuda Carlota de *Lances de carnaval,* y los críticos iban dándose cuenta de sus consistentes avances, entre ellos Ventura de la Vega en sucesivos artículos, y también en este. De ella se acordó bien el crítico de *El Entreacto,* y afirmó haber dado a su papel «un color de verdad y de realce que manifestó su inteligencia».[171]

En cuanto a Pedro Sobrado, solían encomendársele papeles de personajes con cierta autoridad o enérgicos, aunque a veces algo toscos, y según Ventura de la Vega había pintado con acierto al andaluz Marchena, dándole un acento muy propio. La puntualización de Ventura de la Vega resulta de sumo interés, pues no suele encontrarse en las reseñas teatrales pormenores semejantes:

> «Algunos de aquella tierra no transigen con que dijera "Me ahorco", aspirando un poco la h: en la conversación general es verdad que no la aspiran, y aun suelen aventurar alguna que otra z; pero, ¡vaya!, que cuando un señorito de la tierra de María Santísima se enreda de palabras con una chica retrechera y ladina que le moja la oreja, ¡vamos! que entonces la boca se calienta, y el dejillo y el acento salen diciendo ¡aquí estoy yo! ¿Digo bien?».[172]

Cabe dudar, ante estos asertos, del momento en que se publicara la crítica de *El Entreacto,* pues en ella parece replicarse en la misma línea que Ventura de la Vega, aunque bien podía referirse a algún tipo de comentario oído en los pasillos del teatro en los intermedios: «Sobrado comprendió el suyo maravillosamente, y desafiamos al más pintado señorito andaluz a tachar nada, ni en su habla, ni en sus modales, ni en sus acentuaciones, ni en sus algo bruscos y fanfarrones movimientos».[173]

---

[170]　Vega, Ventura, «Folletín. Teatros. *El cuarto…*», *op. cit.,* p. 2.

[171]　****, «Teatros. *El cuarto…*», *op. cit.,* p. 185.

[172]　Ibídem.

[173]　****, «Teatros. *El cuarto…*», *op. cit.,* p. 185.

Recepción, reposiciones y otros montajes

Ya se ha aludido al deseo de resarcir al riojano, motivo por el cual se había pedido hacerle salir al escenario, como «prueba de aprecio que lo indemnizase hasta cierto punto de sus pasados disgustos». Salió conmovido, del brazo de Romea, a recibir aplausos «unánimes y repetidos». Según los presentes, la emoción se apoderó de los circunstantes, y «al caer el telón oímos decir a algunos que esta había sido la escena más interesante de la comedia».[174] Pero estas mismas palabras incidían en el hecho de ser aquel más un triunfo asociado con las circunstancias que con la obra en sí. El redactor de *El Entreacto* quiso desvincular ambas cosas, aunque por su mismo esfuerzo cabe dudar de haberlo conseguido:

> «Ha tenido esta producción un brillantísimo éxito, y éxito franco, de buena ley, sin tergiversaciones, ni reticencias. El autor fue llamado a escena y saludado con multiplicados aplausos que debieron demostrarle cómo el verdadero talento no queda jamás oscurecido, ni sucumbe ante los incidentes excéntricos con que puede alguna vez tropezar en su carrera».[175]

No hay por qué recelar de que, en efecto, «Durante la representación la sonrisa asomó constantemente a los labios de los espectadores», y si estos habían pedido el nombre del autor, no había sido por no conocerlo, pues «las comedias del señor Bretón tienen un carácter peculiar tan marcado que no se pueden confundir con las de ningún otro poeta».[176] No era la primera vez que ocurría. También Ventura de la Vega escribió que, pese a no haberse anunciado el nombre del autor, el público inmediatamente lo reconoció.[177] El marqués de Molins insistiría en este punto: le identificaban el diálogo, la versificación, la gracia del lenguaje, la verdad de los caracteres, el fondo y la forma de los chistes y las alusiones, y prorrumpió en ovaciones que no se acallaron al caer el telón.[178]

Según el marqués de Molins y el sobrino de Bretón, este éxito, junto con el habido en el Liceo por un premio, decidió al comediógrafo a permanecer en España y no exiliarse, de lo que dejó constancia en unos versos dedicados a Matilde Díez:

> Yo, que lacerado el pecho
> con amarguras sin fin,
> hoy acaso gemiría
> en extranjero país,
> si al influjo de tus rayos
> no luciera para mí,

---

[174] [REDACCIÓN], «Revista semanal…», *op. cit.*, p. 2.
[175] ****, «Teatros. *El cuarto*…», *op. cit.*, p. 185.
[176] [REDACCIÓN], «Revista semanal…», *op. cit.*, p. 2.
[177] VEGA, Ventura, «Folletín. Teatros. *El cuarto*…», *op. cit.*, p. 1.
[178] MOLINS, marqués de, *Bretón de los Herreros*…, *op. cit.*, p. 259.

tras tantos días de duelo,
un cuarto de hora feliz.[179]

Los amigos celebraron la recepción de la pieza en casa de Roca de Togores, donde se cumplimentó también a Nicasio Gallego, quien hacía años el mismo día, esto es, el 14 de diciembre.

Más allá de números, la comedia quedó en el repertorio del teatro del Príncipe. Volvería a ejecutarse los días 10, 17 de enero y 15 de febrero, el 7 de abril, el 20 de agosto y el 29 de octubre de 1841.[180] En total, desde su estreno hasta 1850 se representó en el teatro del Príncipe trece días, pero no consta que ninguna de ellas se verificara entre mayo de 1842 y diciembre de 1850, lo que parece indicativo de no interesar su reposición durante muchos años en los teatros principales. No obstante, a la vista de la cartelera de Vallejo y Ojeda, se representó de nuevo los días 12 y 14 abril de 1858 en el teatro del Príncipe, el 18, el 19 y el 20 de junio en el teatro de la Cruz de 1859, y los días 4, 5 y 6 de octubre de 1862.[181] Florencio Romea, un sobrino de Julián muy querido y popular en 1875, exhumó la pieza en la última semana de abril de ese año, con Matilde Díez y Manuel Catalina, acompañados de las damas jóvenes de la compañía, y volvió a gustar pese a los años transcurridos. Por entonces, precisamente Ramón de Navarrete habría de referirse a ella nuevamente, para calificarla como una de las más bellas, literalmente, de su autor. En el teatro de la Comedia se ejecutaría los días 27 y 28 de abril de 1879.[182]

Además, obtuvo el éxito acostumbrado en las provincias y en ultramar. Inmediatamente se montó en Alicante, el 12 de enero de 1841. Un comunicado enviado a *El Entreacto* así lo confirma:

«Nuestro único objeto al escribir estos renglones es el deseo que tenemos de dar a entender al incomparable Bretón de los Herreros, que la ciudad de Alicante se complació en añadir una hoja de laurel a la corona que circunda su cabeza creadora, en la noche en que se representó su última comedia. Apenas se leyeron los programas de la función en donde se hallaba estampado el nombre del nuevo Moratín, cuando ya todos se ocuparon en procurarse localidades para ir al teatro. Todos hablaban de *El cuarto de hora*, todos anhelaban verle [sic] representar. Llegó la noche, y una hora antes de la anunciada en los carteles, ya llenaban las gradas y galerías una infinidad de gentes de todas clases y, al levantarse el telón, ocupaban

---

[179]   Ibídem, p. 260; B.[RETÓN] O.[ROZCO], C.[ándido], «Apuntes…», *op. cit.*, p. XI.
[180]   Cfr. BARBA DÁVALOS, Marina, *La música en el drama…*, *op. cit.*, p. 432.
[181]   VALLEJO GONZÁLEZ, Irene y OJEDA ESCUDERO, Pedro, *El teatro en Madrid a mediados del siglo XIX. Cartelera teatral (1854-1854)*, Valladolid, Universidad de Valladolid, 2001, pp. 99, 100, 124, 192, 258.
[182]   ASMODEO [Ramón de Navarrete], «Revista dramática» *La Época*, 8230 (5 de mayo 1875), p. 1; SANCHA FERNÁNDEZ, Eugénie, *El teatro de la Comedia de Madrid (1875-1915): su historia y reconstrucción de la cartelera*, Madrid, Universidad Nacional de Educación a Distancia, 2016, p. 128.

un teatro para seiscientas personas cerca de novecientos espectadores que, desde que la señora Monterroso dijo con suma gracia: "¿Y en qué lo conoce usted, / en lo negro, o en lo blanco?", hasta que cayó por ultima vez el telón, rieron y aplaudieron sin cesar. Un entusiasmo indecible reinaba en todos los corazones, todos elogiaban a Bretón, todos repetían algunas de sus sales y todos hubieran deseado que la comedia se compusiese de ocho o diez actos. Este es el efecto que produjo *El cuarto de hora* en el público de Alicante, en nombre del cual me atrevo a felicitar a su autor y a darle gracias por haber añadido al teatro español una producción que tanto brillo le dará. La señora doña Francisca Monterroso, a beneficio de la cual se representó *El cuarto de hora*, estuvo tan feliz en el desempeño de su papel, fue tanta la gracia y maestría con que lo ejecutó, que más de una vez arrancó aplausos de entusiasmo y mostró ser una verdadera artista».[183]

En Granada, la montó la compañía de José Tamayo y José Valero, que aquella temporada estuvo allí. La mujer del primero, Joaquina Baus, encarnó a Carolina, Ferrer hizo de su doncella, y José Valero y José María Fuentes fueron los pretendientes. La redacción de *La Alhambra* solo tuvo palabras de elogio hacia los actores. Afirmó que la obra justificaba la fama de su autor, y admiró particularmente la versificación, sobre todo esos «consonantes raros» apreciables en exclusiva en las comedias bretonianas. Sin embargo, se sirvió señalar un par de chistes «de mal género», como el referente a las ropas menores y a tomar los rábanos por las hojas…, expresión que hoy ha dejado de serlo, como no se acompañe de gestos indicativos de algún valor erótico.[184]

Esa última expresión denostada aparece en la escena en que Ortiz y Carolina, ya de acuerdo respecto a su mutuo amor, desengañan a la criada, Petra, en cuanto al supuesto enamoramiento de aquel por esta. Es la dama quien la usa en el siguiente contexto:

> Petra: ¡Ah, traidor! ¿Cumples así
>   tu amoroso juramento?
> Ortiz: Hija…
> Carolina: ¿A qué vienes tú aquí?
> Petra: A poner impedimento.

---

[183] N.C.J., «Comunicado. Alicante 16 de enero de 1841», *El Entreacto*, 30 (24 de enero 1841), pp. 238-239. Francisca Monterroso se había iniciado como actriz en el madrileño Teatro Buenavista, en 1837. Se sabe que, casada con el bolero Pablo Mesa, ambos estuvieron contratados en Cartagena, de donde huyeron a Valencia sin atenerse a los pactos de su contrato. Véase [REDACCION], «En el *Segura*…», *La Prensa*, 7 (9 de enero 1840), p. 4. Figuraría en 1843-1844 como primera actriz en los teatros de Sevilla y Cádiz. Véase [REDACCIÓN], «Revista de teatros», *Revista de Teatros*, 98 (16 de abril 1843), p. 2. En la prensa se siguió su trayectoria por las provincias: volvió a ser contratada en Murcia, en Zaragoza por Joaquín Alcaraz, y en 1849-1850 estuvo en el teatro de la Comedia de Madrid, bajo las órdenes de Leandro Lugar.

[184] REDACCIÓN, La, «Revista teatral», *La Alhambra*, tomo IV, 7 (14 de febrero 1841), p. 83 [82-84].

ORTIZ: Ya dio tu máquina al traste,
   muchacha, y si no te enojas
   te diré que equivocaste
   los frenos…
CAROLINA: Y que tomaste
   el rábano por las hojas.[185]

La expresión, únicamente indicadora, como modismo, de invertir el orden o el método de actuación, o de obrar de modo inadecuado, era de uso frecuente también en escritos literarios, y resulta difícil comprender por qué la juzgó de mal gusto el redactor. En cuanto a las ropas menores, la única mención posible aparece en boca de la doncella, Petra, cuando asegura a Marchena haberse criado «en buenos pañales»,[186] modismo bastante frecuente en la lengua hablada y en textos impresos desde siglos antes.

Por poner solo unos pocos ejemplos más sobre los montajes, también se representó en el Teatro Principal de Valencia el 20 de abril de 1841.[187] En julio se llevó al Teatro Principal de Méjico, y una elogiosa reseña, en *El Apuntador*, resaltó, por particularmente originales, como lo había hecho antes Vega, los versos insertos en el álbum de la protagonista y la declaración a través de la pintura. En Palma de Mallorca se vio el 14 de diciembre de 1841 y en Barcelona hay noticias de haberse repuesto en febrero 1857, en septiembre de 1858, en mayo y agosto de 1859, en julio de 1860.[188]

Dios los cría y ellos se juntan

Le Gentil citó esta comedia para explicar el modo de combatir Bretón de los Herreros, con sus obras, situaciones habituales en su tiempo, como la de los matrimonios desproporcionados por la diversa educación de sus miembros, frente a las situaciones presentadas por Moratín, propias de una sociedad ya extinguida. También señaló él por vez primera el parecido entre esta obra y la de Ancelot traducida por nuestro comediógrado años atrás, *Un año de matrimonio o El casamiento por amor*, para felicitar a Bretón de los Herreros por haber sabido sortear el melodrama e imprimir vigorosamente la realidad de la paletería pueblerina, en parte por medio del lenguaje. Asimismo, entre otros aspectos,

---

[185] BRETÓN DE LOS HERREROS, Manuel, *El cuarto…*, *op. cit.*, p. 82.
[186] Ibídem, p. 3.
[187] Disponible en https://parnaseo.uv.es/carteles/cartel_T_id.asp?id=Gran%20funci%-F3n%20para%20el%20martes%2020%20de%20abril%20de%201841 <https://n9.cl/2ykli2>.
[188] [REDACCIÓN], «Crónica de teatros. Teatro Principal. Domingo 4 de julio», *El Apuntador, semanario de teatros, costumbres, literatura y variedades*, Méjico, Imprenta de Vicente García Torres, 1841, p. 89; CERVELLÓ ESPAÑOL, Carlos, *La vida escénica en Barcelona 1855-1865. (Teatro Principal y teatro Circo Barcelonés)*, Madrid, Universidad Nacional de Educación a Distancia, [Tesis doctoral], 2008, pp. 194, 301, 302, 353, 361, 419.

las alusiones a diferentes dramas y autores en un monólogo de don Luis, ya percatado de la trampa en que había caído y la tramoya que le prepara su novia en connivencia con Gabino, le sirvieron de ejemplo al estudioso para demostrar la presencia de la literatura francesa en el imaginario español del momento.[189]

Patrizia Garelli no podía dejar de referirse a esta pieza en su apartado sobre el lenguaje cómico bretoniano. Puso de ejemplos «*no me se encoge el ombrigo», expresión que tendrá ocasión de comentarse más adelante, y el recurso del gazafatón, como forma de delatar la incultura de los personajes.[190] También Miguel Ángel Muro, aunque no ha realizado hasta la fecha un estudio específico de esta obra, reconoce en ella alguna escena «aceptable» y se ha fijado particularmente en el abultado uso de refranes, especialmente por parte de Ciriaco,[191] mientras que Pau Miret con esta comedia quiso probar que Bretón no prescindía de expresiones vulgares, pero siempre coherentemente con el tipo de personajes que las empleaban, a veces con la intención de escarnecer y ridiculizar sus simplezas y groserías. Además, tanto el lenguaje como los modales y el modo de vestirse, incluso con ropas de calidad, constituyen en esta obra elementos delatores de la verdadera forma de ser de los personajes, venía a indicar Miret, quien también explicó la técnica bretoniana de presentar, contrastados, el vicio y la virtud a través de sus personajes, lo que no siempre fue bien entendido en su época.

Respecto a lo expuesto por Miret a propósito del valor que Bretón concedía a los bigotes, debe tenerse en cuenta que en la época solían ser militares quienes los llevaban como elemento caracterizador, de modo que nuestro comediógrafo simplemente hacía a sus personajes aludir a ellos de la misma manera que se hacía en la sociedad de su tiempo.

Otros detalles, como la rendida actitud de don Luis con Emilia, ante la que se arrodilla para suplicarle que se case con él como medio de deshacer la boda con Manuela, también le sirvieron a Miret para ejemplificar el auténtico sentido del gesto dramático en diferentes situaciones.[192]

En su época, con esta obra se cumplió de modo preeminente algo frecuente en la trayectoria bretoniana a partir de 1840: una diversidad de reacciones ante sus comedias, mayoritariamente reídas durante las representaciones, pero, con frecuencia, reprobadas por unos críticos educados en la ilustración y el neoclasicismo, sin recursos suficientes para valorarlas por sí mismas. Fue el caso del, esta vez, anónimo articulista de *El Correo Nacional*:

---

[189] LE GENTIL, Georges, *Le poète Manuel Bretón...*, op. cit., pp. 62, 160, 176, 198.
[190] GARELLI, Patrizia, *Bretón de los Herreros...*, op. cit., pp. 69, 74.
[191] MURO, Miguel Ángel, «Introducción», en Manuel Bretón de los Herreros, *La batelera de Pasajes*, Logroño, Instituto de Estudios Riojanos, 2008, p. 12; ÍDEM, *La confección...*, op. cit., p. 61.
[192] MIRET, Pau, *Las ideas teatrales...*, op. cit., pp. 151, 179-180, 258, 259.

«Lo mismo decimos de ciertas escenas; son verdaderas, pasan en la sociedad, pero no todo lo que es verdadero y pasa en la sociedad puede sacarse al teatro. Si no temiéramos cometer la misma falta de que vamos hablando, copiaríamos aquí algunos trozos de la comedia y el público que no la haya visto o leído podría juzgar de la justicia y fundamento del desagrado del público y de nuestra severa censura».[193]

Ramón de Navarrete decía no querer censurar la obra, pero no dejó de hacerlo, con el añadido de simular condescendencia, a la vista de la condena pública, como se vio en el capítulo anterior.[194]

Bermúdez de Castro manifestó su repulsa hacia gran parte de los componentes de la pieza, como se verá más adelante. Además, la moraleja le parecía inaceptable. Pero eso solo podía proceder de una visión ingenua, de un concepto de justicia poética mal entendido, según el cual el bien había de salir premiado y el mal castigado. De todos modos, Bermúdez de Castro procuró también desligarse de cualquier suposición poco honrosa respecto a la raíz de sus dicterios, cosa que se convertiría en habitual entre los críticos: «Triste [...] penosa es la tarea de señalar lunares en las obras del ingenio; pero mucho más duro es este análisis cuando recae en una reputación antigua y merecida, sobre un autor que ha recogido en su larga carrera más de una corona entre los aplausos del público satisfecho». Para subrayarlo, insistía en que, afortunadamente, el autor seguramente con la siguiente comedia daría nuevos motivos de aplauso, cosa que en la redacción deseaban «con ardor, pues no somos de los que se complacen en arrancar las flores de una corona antigua y bien ganada».[195]

Por su parte, *El Entreacto*, como asimismo *El Corresponsal*, debieron de preferir callar sobre la obra, por no añadir más amonestaciones.

Hartzenbusch, en el prólogo de la recopilación de las obras hecha por el autor en 1850 —publicado también en varios periódicos—, replicó a los ceñudos críticos del estreno que todos los caracteres de aquella pieza, sin exceptuar uno solo, eran retratos sociales perfectos. En su opinión, ni Alarcón, ni Moreto, ni Destouches, ni Calderón podían rivalizar con Bretón de los Herreros en este punto.[196]

---

[193]   [REDACCIÓN], «Folletín. Teatros. *Dios los cría y ellos se juntan*, comedia en tres actos y en verso del señor Bretón de los Herreros.— *Elena da Feltre*, ópera del maestro Mercadante.— El señor Borelli y las fieras», *El Correo Nacional*, 1134 (2 de marzo 1841), p. 1 [1-2].

[194]   R.[amón] de N.[avarrete], «Teatros...», *op. cit.*, p. 3.

[195]   *LÚCULO*, [Salvador Bermúdez de Castro], «*Dios los cría y ellos se juntan*, comedia nueva de Manuel Bretón de los Herreros», *El Iris*, 2 (1841), p. 43 [41-43].

[196]   HARTZENBUSCH, Juan Eugenio, «Sección literaria», *El Clamor Público*, 1856 (14 de agosto 1850), p. 3.

Circunstancias del estreno: un beneficio de Matilde Díez

Nuestro comediógrafo al fin había salido de su encierro y ensimismamiento: seguía contando con amigos, con público y con unos actores que siempre habían confiado en él por haber recibido pingües ingresos con sus piezas cuando se habían estrenado con ocasión de sus respectivos beneficios. Matilde Díez volvería a hacerlo y eligió esta obra de estreno para el día que, por contrato, iba a ganar todo el producto de la función. Era el jueves 11 de febrero de 1841 y el espectáculo carecía de competencia, pues se había anunciado que no habría ninguna función en el teatro de la Cruz.

Las semanas anteriores, la comedia de magia debida a Hartzenbusch *Los polvos de la madre Celestina*, estrenada el 11 de enero en el teatro del Príncipe, había estado causando auténtico furor, según *El Panorama*, «polvos de oro» para la empresa, según se dijo en *El Correo Nacional*. Se ejecutó cuarenta y un días casi seguidos. Incluso el martes 9 de febrero había habido tal concurrencia, que se dispuso nuevamente la función para el día 10, contra lo previsto, lo cual motivó que el crítico y autor teatral Ramón de Navarrete reflexionara melancólicamente sobre el teatro, pues «conquistábase poco menos que a cuchilladas el privilegio de asistir a una de las representaciones».[197] Quizás el entusiasmo por esta comedia de magia desanimara a muchos de volver a acudir al teatro el día 11, o puede que la impresión causada por ella y su escenografía dispusiera negativamente los ánimos para justipreciar la del riojano, que solo convino poner tres días antes de repetir la de Hartzenbusch.

El desarrollo de la velada de estreno de esta nueva pieza bretoniana se expuso así en los anuncios de la *Gaceta de Madrid*:

> «PRÍNCIPE. A las siete de la noche.
> Función extraordinaria para hoy jueves a beneficio de la primera actriz doña Matilde Díez.
> 1° Gran sinfonía a completa orquesta.
> 2° Se pondrá en escena la comedia nueva original en tres actos y en verso, titulada
> *Dios los cría y ellos se juntan.*
> El refrán que sirve de título a esta comedia, expresamente escrita para el beneficio anunciado, encierra una verdad que todos los días vemos demostrada y de ella se deduce una máxima importante, a saber, que hacen mal en juntarse los que Dios no ha criado para ello. Ambos principios constituyen el pensamiento moral

---

[197]   R.[amón] de N.[AVARRETE], «Teatros…», *op. cit.*, pp. 3-4; [REDACCIÓN], «Crónica», *El Panorama*, 109 (25 de enero 1841), p. 40; [EMPRESA DE TEATRO], «Diversiones públicas. Teatro del Príncipe», *Diario de Avisos*, 2147 (10 de febrero 1841), p. 4; [REDACCIÓN], «Crónica», *El Panorama*, 113 (19 de febrero 1841), p. 72; [REDACCIÓN], «Folletín. Teatros. *Dios…*», *op. cit.*, pp. 1-2. La obra ha sido estudiada por FERNÁNDEZ, Enrique, «La Celestina en la comedia de magia *Los polvos de la madre Celestina* (1841)», *Theatralia*, 10 (2008) pp. 89-104.

de la fábula y de su concurrencia se ha procurado que resulte la posible novedad en las situaciones, y la diversidad y contraste de caracteres y costumbres que el arte exige y el público apetece.

3º No pudiendo tener lugar, por enfermedad de doña Josefa Díez, un padedú nuevo que estaba destinado para este beneficio, se bailará la jota valenciana que tan aplaudida fue del público cuando se estrenó a mediados del año pasado.

4º Gran sinfonía nueva a toda orquesta, tocada a telón levantado.

5º El muy divertido sainete, que hace años no se representa y cuyo título es *Los dos viejos, uno llorando y otro riendo,*

en el cual desempeñará el papel de don Teófilo el actor don Antonio Guzmán, que aunque no tiene obligación de trabajar en sainetes, ha querido hacer este obsequio a la beneficiada. Para dar a este fin de fiesta toda la importancia posible, se han encargado la beneficiada y doña Teodora Lamadrid de los papeles de Juliana y Dorotea, a pesar de su poca extensión.

Las piezas de música que se tocarán en todos los intermedios, como asimismo las dos sinfonías, son enteramente nuevas, obra del profesor de la orquesta de este teatro don Manuel Martínez.

Todos los deseos de la beneficiada quedarán completamente satisfechos si acierta a complacer al público con la función que ha elegido».[198]

Si alguien dudaba entre acudir al teatro de la Cruz y al del Príncipe al día siguiente del estreno, y preguntaba por la pieza bretoniana, puede que no se la recomendaran, puesto que en el teatro de la Cruz se podía oír la ópera *Elena de Feltre*, de Mercadante, con argumento de Salvatore Cammarano, algunas de cuyas arias y cavatinas se aplaudieron mucho, según el crítico de *El Correo Nacional* y Ramón de Navarrete, aunque, de acuerdo con la percepción de este último, el resto de la ópera se había escuchado sin ningún entusiasmo. Los asistentes, con todo, parecieron salir contentos, según la redacción de *El Panorama*.[199] Por otra parte, los bailes de máscara propios del carnaval concitaban la concurrencia de muchos de los aficionados al teatro y eso significaba dejar de acudir a algunas funciones.

Pese a las voces levantadas, como se verá en otro apartado, contra *Dios los cría y ellos se juntan*, el sábado 13 aún se mantuvo en cartel, en un programa en que se cambió la última pieza por *El fin del pavo*, sin duda porque, al no trabajarse ya este día para beneficio de Matilde Díez, tanto ella, como Teodora Lamadrid, como Guzmán podían verse libres de interpretar el sainete y podían dejar en manos de los actores secundarios la ejecución.

---

[198] [EMPRESA DE TEATRO], «Teatros, Príncipe», *Gaceta de Madrid*, 2307 (11 de febrero 1841), p. 4.
[199] [REDACCIÓN], «Crónica», *El Panorama*, 113 (19 de febrero 1841), p. 72; R.[amón] de N.[AVARRETE], «Teatros…», *op. cit.*, pp. 3-4; [REDACCIÓN], «Folletín. Teatros. *Dios…*», *op. cit.*, pp. 1-2.

Mientras, en el teatro de la Cruz volvía a cantarse la ópera de Mercadante para, más tarde, celebrar uno de los primeros bailes de máscara de la temporada. Además, en uno de los juzgados teatros de segundo orden, el de la Sociedad del Instituto establecida en 1839, se estrenaba *Amor y farmacia,* obra sin pretensiones y de carácter cómico,[200] adecuada para el tipo de sala en que se estrenaba y debida a tres autores que alcanzarían cierta notoriedad, cada uno en su ámbito, a saber, Tomás Rodríguez Rubí, Luis Valladares y Saavedra y Carlos García Doncel. El que la pieza de Bretón no hubiera sido muy bien recibida las primeras noches podía favorecer que parte del público se acercara hasta el Teatro del Instituto.

El domingo 14, la comedia de Bretón permaneció en el programa nocturno, que solía ser el de mejor asistencia: así, elegir la obra para esta sesión y no para la de la tarde, de público más popular, significaba darle prevalencia. No obstante, se avisó de que sería el último día en ejecutarse, mientras que en la sesión de tarde se ofreció otra vez la comedia de magia con mayores réditos, *Los polvos de la madre Celestina.* En el teatro de la Cruz se mantuvieron tanto la ópera, como un nuevo baile de máscara, que se iniciaba a las doce de la noche (por doce reales el billete). A este baile se sumaban otros, como el del café de la calle del Prado, a partir de las once de la noche, cuyos billetes costaban ocho reales.

Cuatro funciones seguidas hablaban de éxito más que mediano por parte del público, y de cómo se hablara de la pieza podía depender tenerlo por mayor o menor.

Un texto reivindicado por su autor

José María Repullés imprimió la obra en 1840, según reza en la cubierta de los ejemplares. La empresa del teatro del Príncipe había anunciado que contaba con cuatro piezas de Bretón de los Herreros para estrenar a lo largo de la temporada, y esta podía ser una de ellas. Dado el rotundo éxito de las producciones bretonianas y lo repetidamente que se subían a los escenarios, ya fueran estos de primer o de segundo orden, oficiales o particulares, no extraña que el impresor aceptara también esta vez editarla antes de su estreno, pues no dudaría de poder vender bien los ejemplares, ya que la experiencia le había fallado una única vez, con *La ponchada.* Bretón de los Herreros valoraba esta pieza suya, y la incluyó en sus compilaciones de 1850 y 1883, pero no en la selección parisina de 1853, muy restringida esta.[201]

---

[200]   [REDACCIÓN], «En el lindo teatro del Instituto Español...», *El Corresponsal,* 626 (16 de febrero 1841), p. 4.

[201]   BRETÓN DE LOS HERREROS, Manuel, *Dios los cría y ellos se juntan,* en *Obras de Manuel Bretón de los Herreros...,* op. cit., 1850, tomo III, pp. 165-196; ÍDEM, *Dios los cría y ellos se juntan,* en *Obras de Manuel Bretón de los Herreros...,* op. cit., 1883, tomo II, pp. 463-494.

Se han conservado igualmente, en la Biblioteca Nacional, dos manuscritos: uno del primer apuntador José Nicolau, que llamaremos por su signatura, MSS/14538/1. Lleva en las cubiertas de los tres actos las iniciales de dicho apuntador, y la fecha de 1841 escrita con tinta y caligrafía de la época. Otro manuscrito, que llamaremos MSS/20093 y que usaremos con preferencia para las citas junto con la primera edición, está fechado en 1840 con tinta y caligrafía posiblemente del propio Bretón de los Herreros. Contiene numerosas enmiendas de distinto tipo y también una dedicatoria del 5 de noviembre 1881 redactada por Cándido Bretón, sobrino del comediógrafo, en la que ofrece el manuscrito, que denomina autógrafo, el 5 de noviembre de 1891, al entonces director de la Biblioteca Nacional, Cayetano Rosell.[202] Este manuscrito tiene cierto interés, aparte de por permitir observar hasta cierto punto el proceso de trabajo del autor, por contener algunos elementos y acotaciones ausentes en la edición y en el manuscrito del apuntador. El hecho de estar en pliegos timbrados de la Biblioteca Nacional podría indicar que Bretón compuso la obra cuando aún trabajaba en dicha biblioteca o bien que disponía en su casa de los pliegos después de suspendérsele en su empleo.

Otra cuestión curiosa es que, en la lista de personajes de esta primera versión, aparece una Juana que, por los lugares de presencia, parecía ser la doncella de doña Emilia. El personaje desapareció del listado en el otro manuscrito y en las ediciones, pero no del todo de la pieza, porque en todas las versiones se presenta en algunas escenas una Juana con la función de criada de los lugareños.

Así mismo, don Antonio en la primera versión se llamaba de apellido Cabrerizo, lo que modificó el autor ya en el primer manuscrito para llamarle Baquerizo, quizás para evitar cualquier maliciosa relación con el famoso editor Mariano Cabrerizo.[203] Con todo, cabría esperar que, mencionando tal apellido fácilmente relacionable con el mundo de la ganadería, el autor aprovechara para crear algún chiste, dada la situación en que se encuentra el personaje, del mismo modo que, de Barrientos, Marchena había dicho que pedía escoba en *El cuarto de hora*, pero no es así. Por ejemplo, si fuera don Luis el que hubiera heredado tal apellido, don Antonio podría haber remachado las críticas sobre la elección, por parte de su amigo don Luis, de una novia tan palurda, con alguna ironía relativa a la profesión señalada en ese apellido. Tampoco se aprovecha ninguno de los refranes ni dichos referentes al apellido de los lugareños, Palomo, y solo

---

[202]   BRETÓN DE LOS HERREROS, Manuel, *Dios los cría y ellos se juntan*, Madrid, Repullés, 1840; ÍDEM, *Dios los cría y ellos se juntan*, 1841, MSS/14538/1; ÍDEM, *Dios los cría y ellos se juntan*, 1840, MSS/20093.
[203]   Nacido en Zaragoza el 6 de febrero de 1785. Murió el 9 de diciembre de 1868. Véase el estudio ALMELA I VIVES, Francisco, *El editor Mariano de Cabrerizo*, Valencia, Consejo Superior de Investigaciones científicas, 1949.

se insinúa algo semejante a una mofa cuando Macario se presenta a don Antonio y doña Emilia como hijo de otro Macario, también Palomo, y don Antonio responde: «Entendido. Y de otro Palomo»[204], aunque no cabe distinguir si se refiere al carácter inocentón o poco avispado, o al dicho popular, a propósito de que el personaje habla para sí y él solo se entiende, porque no termina nunca de explicarse, «él se lo guisa y él se lo come».

Es de notar que en el manuscrito del apuntador José Nicolau, Balbino lleva consigo una guitarra, lo que se añade en una letra distinta, de tinta más oscura,[205] e invita a pensar que el detalle se introdujo en los ensayos, en una época en que las canciones y la música en las obras eran particularmente bien recibidas. Por este motivo, no aparece ni en el manuscrito autógrafo de Bretón ni en el ejemplar impreso: supone este un indicio de ser posterior a los otros textos. Se aprecian también algunas otras variantes entre este manuscrito y el impreso. Por ejemplo, se convirtió en vulgarismo el término «cirujano», que Manuela empleaba con propiedad en el manuscrito de 1840 y en el impreso, por medio de una disimilación frecuente entre las gentes de pueblo, *cerujano.[206]

Lúculo, pseudónimo con el que firmaba Salvador Bermúdez de Castro, sintetizó el argumento para el segundo número del semanario que acababa de fundar:

> «Un joven y rico lechuguino, acostumbrado a la vida elegante de Madrid, se enamora perdidamente de una linda villana de Móstoles; le ha ofrecido su mano y va a casarse, sin que las burlas y sermones de un amigo suyo que viene a Leganés en compañía de su hermana, ni las simplezas de su novia puedan hacerle variar de resolución: llega en este tiempo alojado a su casa un soldado que ha sido en tiempos pasados amante de la niña y que anuda con ella sus rotas relaciones; convéncese el joven entusiasta de la infidelidad de su querida, quien, para justificar el refrán de "Dios los cría y ellos se juntan", prefiere, al elegante y rico mancebo, su antigua y humilde pasión. Desea el novio deshacer el matrimonio, pero median esponsales y su firma, los padres de Manuela están resueltos a no perder una buena colocación para su hija y la inocente aldeana, por su parte, no cede de sus pretensiones, después de haber hecho un contrato secreto con el soldado, por el cual se obliga este a dejarla casar con el opulento amante, y ella en cambio le promete, en cuanto se verifique la boda, renovar sus antiguos vínculos; desesperado don Luis, no sabe cómo salir de aquel atolladero, hasta que al fin por intercesión de su

---

[204] BRETÓN DE LOS HERREROS, Manuel, *Dios...*, *op. cit.*, 1840, p. 22; ÍDEM, *Dios...*, *op. cit.*, MSS/20093, f.º 21.

[205] BRETÓN DE LOS HERREROS, Manuel, *Dios...*, *op. cit.*, MSS/14538/1, cuadernillo III, f.º 27v.

[206] BRETÓN DE LOS HERREROS, Manuel, *Dios...*, *op. cit.*, MSS/20093, cuadernillo I, f.º 6; ÍDEM, *Dios...*, *op. cit.*, MSS/14538/1, cuadernillo I, f.º 4r; ÍDEM, *Dios...*, *op. cit.*, MSS/14538/1, cuadernillo I, f.º 4r.

amigo compra solemnemente la libertad de su rival y de la novia por la cantidad de diez mil reales y dos pesetas diarias».[207]

Roca de Togores clasificó esta comedia entre las llamadas por él bretonianas, por contar, como en las de su especie, con una serie de rasgos del autor en distintos órdenes: el ámbito social en que se desarrollaba era el de la clase media urbana en sus relaciones con las gentes del mundo rural, aunque tratado este asunto superficialmente; el habla de los personajes tampoco pretendía constituirse en modelo de elegancia, sino que tendía al chiste, como la «riquísima, viva e ingeniosa versificación», y el tono resultaba festivo a la postre. Respecto a la idea dominante en esta pieza, el marqués de Molins comparaba su sentido con el de una de las primeras obras más aclamadas del autor, *A Madrid me vuelvo*. Ambas se oponían al tópico tradicional del menosprecio de corte y alabanza de aldea, al representar las groserías lugareñas a través del lenguaje, sus vicios y mezquindades, o los ineducados sentimientos de los personajes, que parecían incapaces de salir de un egoísmo tan tosco como palmario. Pero Roca de Togores veía también cómo *Dios los cría y ellos se juntan* se sumaba a la serie de piezas que desde *El sí de las niñas* insistían en los inconvenientes de los matrimonios desiguales, ya fueran por edad, como en la obra cumbre de Fernández de Moratín, ya por educación y gustos, como en esta[208] y, podría añadirse, frente al planteamiento habitual de los dramas románticos: en estos el espectador, por lo general, carecía de suficientes elementos para juzgar inadecuado el vínculo de los protagonistas, pues los héroes protagonistas solían contar con cualidades extraordinarias, que compensaban ampliamente la supuesta falta de linaje (cuando esta era efectiva, y no se descubría lo contrario) o incluso de educación, inapreciable en sus actos, palabras y emociones exhibidas.

Si se establece aquí este punto de comparación, es también para resaltar la similitud en el modo de introducir en *Dios los cría y ellos se juntan* un motivo muy frecuente en el Romanticismo, esencial tanto en *Los amantes de Teruel*, de Hartzenbusch, como en *Macías*, de Larra: recién celebrada la boda de la protagonista romántica con el oponente del héroe romántico, regresa este, amado o prometido anterior de la novia, a echarle en cara su infidelidad y el haber aceptado el nuevo matrimonio. En los dramas románticos, el desenlace resulta trágico y los héroes románticos mueren. En cambio, en esta pieza de Bretón, acaban casándose Manuela y su antiguo novio Balbino, pese a aparecer, después de cinco años en el ejército, cuando ya Manuela y don Luis se han «tomado los

---

[207]　*Lúculo*, «*Dios los cría y ellos se juntan...*», *op. cit.*, p. 41. Bermúdez de Castro volvería a recordar esta obra, para denostar la pobreza de su argumento, en contraste con la siguiente pieza en estrenarse, *Cuentas atrasadas*, como se verá más adelante: Ídem, «*Cuentas atrasadas*. Comedia nueva de don Manuel Bretón de los Herreros», *El Iris*, 6 (18 de marzo 1841), pp. 102-103.

[208]　Molins, marqués de, *Bretón de los Herreros...*, *op. cit.*, pp. 276-278.

dichos», celebración previa al matrimonio canónico, si bien aún faltaba la ben-
dición eclesiástica, que era la que lo hacía efectivo.

Las divergencias concernientes a este motivo en la pieza bretoniana y en los
dramas románticos mencionados también residen en el talante de los novios:
Balbino, frente a los enamorados héroes románticos incapaces de pensar en
otra mujer que en la heroína, mientras ha estado en el ejército no se ha acorda-
do de su novia gran cosa y, en cambio, sí reconoce haber andado en otras aventuras; por su parte, Manuela no guarda tampoco lealtad a su recuerdo amoroso
y acepta unas nupcias interesadas incluso cuando Balbino vuelve, hasta el punto
de no resultarle del todo extraño el pensamiento de casarse por conveniencia
con don Luis y serle infiel luego con el mismo Balbino.

El motivo de la que podría llamarse «guarda de la ausencia» durante el
tiempo en que el amado se encuentra sirviendo a la patria, lo había tratado
el propio Bretón en comedias anteriores: en *Muérete... ¡y verás!* contraponía,
al amor eterno de los dramas románticos, la coquetería de una mujer que se
olvidaba de su prometido y admitía como esposo a su mejor amigo cuando se
le anunciaba haber muerto aquel, con lo que don Pablo experimentaba un
desengaño real y la convicción de lo superficial del amor de Jacinta, frente al
desengaño sufrido por Marsilla y por Macías, cuyas amadas en ningún momento
desviaban el afecto del único amor de sus vidas y solo se casaban engañadas o
por cumplir con cierto sentido del deber. Además, se sobreponían a sus sentimientos y se comportaban de acuerdo con los vínculos contraídos.

De modo diferente a los dramas románticos, pero también a *Muérete... ¡y
verás!* y a *Dios los cría y ellos se juntan*, en *Ella es él*, la protagonista, casada tras pasar
años sin recibir carta del amado que se había ido a la guerra, se mantenía fiel
a su compromiso matrimonial cuando aquel regresaba, como las heroínas románticas, pero, a diferencia de ellas, no solo la guiaba el sentido del deber, sino
también la gratitud debida a su marido, consciente de los beneficios proporcio-
nados por este. A eso se añadían los motivos que tenía para afear la conducta
del antiguo enamorado, que volvía queriendo renovar un vínculo olvidado y ya
sin validez, dadas las circunstancias. La diferencia respecto a *Dios los cría y ellos
se juntan* estriba, sobre todo, en que queda en evidencia cómo Manuela carece
tanto de conciencia del deber conyugal, como de gratitud e incluso de com-
prensión del sacrificio a que está dispuesto Luis, aparte, claro está, de cualquier
forma de amor digna.

En cuanto al motivo del casamiento desigual, también había sido tratado
anteriormente, de otro modo, por el propio Bretón, aunque fuera a través de
su versión de *La seconde Année* ou *À qui la faute?*, de Scribe y Duveyrier, traducción mal recibida por el público seguramente por el desenlace, y puede que
por la diferencia entre los modelos de mujer casada imperantes en Francia y en
España: en la pieza, un joven se enamoraba y contraía matrimonio, contra el
consejo materno y en un arrebato de obcecación y de rebeldía, con una dulce

y hacendosa muchacha de clase muy inferior, a la que creía poder convertir en una dama de su categoría, pero de cuya torpeza se cansaba después de un año, lo que inducía a la joven esposa a suicidarse. Por supuesto, en la nueva comedia de Bretón se muestra la gran distancia que media entre esta hacendosa, dulce, tierna y delicada joven y la torpe y zafia Manuela.

También en la comedia original *El ¿qué dirán? y el ¿qué se me da a mí?* Bretón había desarrollado, junto con los temas que daban título a la pieza, el asunto del matrimonio desigual, encarnado en una mujer de edad que se empeñaba en casarse con un criado joven y palurdo, y acababa desengañada. El éxito discreto en el momento del estreno no impidió que la pieza se repusiera con cierta frecuencia tanto en Madrid como en las provincias en los decenios siguientes, lo que constituye una prueba de que los temas tratados y el modo de desarrollarlos mantuvieron su actualidad largo tiempo.[209]

Semejanza presentaba, igualmente, la nueva pieza *Dios los cría y ellos se juntan* con *El pelo de la dehesa,* donde chocaban la simpleza y la llaneza de los gustos, costumbres y educación de don Frutos de Belchite con los más refinados de la marquesa y su hija, enamorada esta, por otra parte, de un capitán sin grandes recursos, pero de similar ambiente. La generosa resolución del lugareño saldaba con dinero los problemas que la ruptura del compromiso matrimonial por su parte pudiera ocasionar a su prometida, y de modo similar, de acuerdo también con la diferencia de las circunstancias, se comporta al final don Luis en la nueva comedia.

Por otro lado, el motivo que genera la situación, referente al accidente sufrido por don Luis y los cuidados que recibe en casa de aquellos aldeanos, se trataba de un recurso verista, aunque también frecuente en el teatro y, en general, en la literatura.

Así pues, Bretón de los Herreros parecía haberse servido de los aspectos más valorados y aplaudidos de varias de estas piezas suyas anteriores para componer *Dios los cría y ellos se juntan*: sobre todo, las repetidas escenas de contraste entre la finura de modales de un miembro de la pareja y la ordinariez del otro, que acaban desencantando al primero y provocando, en el entretanto, numerosas sorpresas y ocasiones para reír por la serie de conductas y reacciones inesperadas, inconvenientes o grotescas, y las resultantes de aplicar una lógica diferente a la exigida, aparte de un desenlace en que el dinero sirve para libertar del compromiso a la parte menos conforme.

Sin embargo, a diferencia de *El pelo de la dehesa,* donde el lugareño don Frutos ostentaba, pese a su rudeza, buenos sentimientos y nobleza de carácter, en esta nueva comedia los aldeanos se ven dominados por emociones primarias y vicios del todo repulsivos: en otro tiempo, las trapisondas o embrollos de

---

[209] BALLESTEROS DORADO, Ana Isabel, *Manuel Bretón de los Herreros...*, *op. cit.*, vol. I, pp. 730-736; vol. II, pp. 569-587.

Ciriaco, el padre de la novia, durante su puesto como «fiel de fechos», habían ocasionado su expulsión del Ayuntamiento de Móstoles; la codicia y la vanidad de la madre se suman al desprecio manifiesto hacia su marido y el disimulo y la mentira a los que anima, además, a su hija, mientras que esta parece haber heredado tales defectos de su madre y ni siquiera se esfuerza en ocultar cómo ansía, mucho más que ver a su novio, los regalos que trae.

Así, en la misma línea que la tesis expuesta en *A Madrid me vuelvo,* en esta comedia se expone la dificultad de encontrar una mujer desinteresada no ya en la urbe, sino en los pueblos, porque la codicia y la corrupción se habían convertido en un mal general, como subrayó el marqués de Molins, a quien asombraba que el autor no fuera consciente, a la vista de la nota escrita al respecto en la última edición de sus obras, de la enseñanza moral subyacente en *Dios los cría y ellos se juntan*: Roca de Togores pensaba que el autor no solo escarnecía y combatía el mal tono, sino que mostraba los inconvenientes de los matrimonios entre personas que carecían de «la grata conformidad / de costumbres y deseos, / y que pretenden curar / lo que no curan los médicos: / los vicios de educación / y los resabios de pueblo».[210]

Bermúdez de Castro denostó la pobreza en la concepción de los personajes, y no le faltaba razón: escasos matices ofrece cada uno de ellos. Macario se caracteriza por no terminar nunca las frases al hablar, por no lograr expresar idea alguna y, en cambio, dar por supuesto que se ha comprendido su intención. Sin embargo, se permite corregir el lenguaje de su mujer y juzgarse a sí mismo hombre de más ilustración que ella.

Manuela, la novia, desde la primera escena y con necesidad de muy pocas intervenciones añade, a un habla inculta que no se molesta en corregir («lo mismo da ocho / que ochenta»), tal ostentación de vanidad, tal afán por despertar la envidia de los conocidos («voy a dar golpe / en Leganés», «No habrá moza que no ladre / de envidia»), tales deseos de revancha, que realmente dificultan mucho comprender cómo ha podido ocultarlos ante don Luis lo suficiente para que este no se haya percatado de ellos, como tampoco de su ineducación emocional, ni de su falta de amor auténtico hacia él.

En Manuela no se advierte sino la coquetería primaria de haber procurado gustar a don Luis durante el tiempo de convalecencia de este y la codicia de disfrutar de su riqueza («¿Me traes algo / de la corte?»). Su primera intervención tiene por objeto criticar la decisión adoptada por el joven de casarse en Leganés, donde poder lucirse y disfrutar menos: «¡Qué manía / tan rara la de mi novio! / Casárame yo en Madrid / y no en un triste villorio. / Y si era lunes, mejor, / que iríamos tan orondos / *dempués de la *cirimonia / a la plaza de los toros»).[211]

[210]   MOLINS, marqués de, *Bretón de los Herreros...*, *op. cit.*, pp. 278-279, 282.
[211]   BRETÓN DE LOS HERREROS, Manuel, *Dios...*, *op. cit.*, pp. 3-4, 7, 9, 10; ÍDEM, *Dios...*, *op. cit.*, MSS/20093, cuadernillo I, f.º 2v., 6r., 7r., 8v., 1v.

El lector o el espectador, ante aquel ambiente familiar, se extraña del enamoramiento de don Luis, y la madre se encarga de recordar las circunstancias:
el galán había sufrido un accidente al romperse el coche en que volvía de su viaje a Portugal, y se había dado un fuerte golpe en la cabeza y en distintos miembros. En la casa de esta familia, lo habían cuidado y, en el entretanto, se había
prendado de la belleza natural de Manuela. Pero esta manifiesta su inmodestia
también en este particular:

> MANUELA: Es que… no es todo chiripa,
>   que este palmito no es moco
>   de pavo. ¡Bah! Y tan y mientras
>   que el cirujano don Próspero
>   para curarle la herida
>   nos le ponía en adobo,
>   yo le hacía otra más honda
>   con el aquel de mis ojos.[212]

Para añadir dificultades al caso, Manuela desvela que sigue acordándose de
su antiguo novio Balbino, pese a llevar cinco años sin verle y sin recibir carta
suya. Es entonces cuando su madre la insta a callar y no dejar entrever a don
Luis esta circunstancia: «Tan siquiera / hasta que se haga el casorio, / ten prudencia». Ella acepta, aunque su madre insiste: «Es que tienes muy romo / el
magín…», con lo que queda patente la nula altura moral de ambas y una doblez
muy mal vista en las jóvenes de la época, pero que Manuela lleva a gala conocer:
«Pues ¡qué! ¿No sé yo / todos esos *requilorios de la *pulítica?».[213]

Como ya señalaba Bermúdez de Castro, madre e hija se parecen en grado
sumo. También Macaria, como su hija Manuela, manifiesta desde el principio
sobrada vanidad: «Solo siento / que no se luzca el bodorrio / en nuestro mismo
lugar, / ¡en Móstoles! ¡Qué *bichorno / para aquellas hidalgonas, / tan remil-
gadas, y cómo / con un yerno rico y noble / les daría yo en el morro», vanidad
que le inculca también a su hija: «Casada con un buen mozo / señora de estra-
do y coche, / cocinero y mayordomo, / ¿quién te toserá en Madrid? / Nadie».
El lector de la época podía entender también que la joven habría de aprender
de su madre el trato dispensado a su marido, al que replica cuando este le pide
que hable con propiedad y evite los vulgarismos: «Ya conozco […] / que hablo
a lo palurdo. / Pero a mí me entienden todos; / y a ti, con tantas *retólicas /
no te entenderá el demonio» o, más adelante, cuando él pretende explicarle su
punto de vista respecto a por qué había dejado de ser fiel de fechos: «Calla, que
me pones / la cabeza como un bombo / cuando *escomienzas», «¿eres hombre
o eres fuelle?». No dejará de decir a su hija, en presencia del padre: «No te pa-

---

[212] Ibídem, f.º 4r., p. 6.
[213] Ibídem, f.º 5v.-6r., pp. 6-7.

reces / en eso a mí, sino al tonto / de mi marido».[214] La hija fácilmente podría en el futuro tratar a su propio marido de modo similar, habiendo tenido aquel ejemplo durante los veinte años con que cuenta.

El lenguaje de los tres no se distingue por sus vulgarismos del de la criada Ruperta, que llama «contrastes matrimoniales» a los contratos matrimoniales, «*ausequiar a la gente» en lugar de obsequiar a la gente, *melitar por militar, o *denguna por ninguna.[215]

A Bermúdez de Castro le parecía inverosímil el carácter de don Luis Mendoza. Ahora bien, cabe resaltar que desde su aparición en escena hace saber al público, en diversos apartes, que la pasión no le ciega por lo que respecta a sus suegros («¡Qué mentecato es mi suegro / y que sandia su consorte!»), ni tampoco deja de advertir los defectos de su prometida, si bien siempre está dispuesto a minimizarlos o a atribuirlos a alguna cualidad positiva, como la naturalidad («Déjela usted que se explique / con su natural llaneza»)[216], el rubor y la inocencia propias:

> Tan donosa es como pura
> tan linda como inocente,
> ella quisiera estar ya
> de veinticinco alfileres.
> Presumidilla y curiosa,
> aunque de veras me quiere,
> los ojos quitaba apenas
> de aquella puerta de enfrente.
> Mas su vanidad de niña
> me embelesa y no me ofende [...]
> Perla sin pulir, es cierto,
> pero por eso no pierde
> a mis ojos el valor,
> que una perla, es perla siempre.[217]

Debe recordarse que don Luis es un personaje de veintiún años y, a lo que parece, sin padres ni tutores que puedan aconsejarle, lo cual convierte en posible el que experimente esa pasión y, por ella, subestime los inconvenientes que rodean su matrimonio y juzgue fácil superarlos, como le dice a Manuela y como expone en su primer monólogo:

---

214 Ibídem, f.º 3v.-5r., 35; pp. 4-7, 36.
215 Ibídem, f.º 27r; pp. 27, 29.
216 Ibídem, f.º 7r.; p. 9.
217 Ibídem, f.º 12v.-13r., p. 13-14.

> Aunque se resiente un poco
> de su educación campestre,
> tiene entendimiento claro
> y es muchacha que promete.
> Ese barniz de la corte
> en cuatro días se adquiere.
> Con maestros escogidos
> y con el trato de gentes
> a todas las elegantes
> eclipsará en cuatro meses.[218]

Don Luis, como más adelante harán otros personajes bretonianos, aplica a su situación algunas ideas románticas difundidas en la época y del todo punto plausibles, si bien el espectador, que ha tenido ocasión de observar el comportamiento y la forma de pensar de la familia y de la propia Manuela en ausencia del novio, entiende que no cabe aplicar tales teorías a la joven y, por tanto, que ha idealizado a una mujer a la que aún no ve en sus auténticas dimensiones. Así, al hablar de ella a su amigo, le atribuye dos cualidades de las que cabe dudar: «La hermosura es su nobleza / y la virtud es su dote» y poco después, cuando sus amigos tachen de loco ese matrimonio, insistirá en calificaciones más manidas, «es un ángel, un portento», como anteriormente había dicho para sí: «Ese admirable candor / esa frescura, esa alegre / sencillez y ese hechicero / donaire que no se aprende, / me indemnizan con usura / de las dotes que no tiene». Y también sabrá oponer a sus amigos: «solo daré por respuesta / que la novia es de mi gusto». De todos modos, el novio ha tomado sus precauciones para «el primer pan de la boda / saborear tranquilamente» y esa es la razón de celebrar la boda en Leganés sin invitar a nadie, y asimismo de haber tomado casa allí: no quiere sufrir la mofa de sus amigos en la capital, ni tampoco a los palurdos de Móstoles, pretende evitar que le desesperen «los unos por exquisitos / y los otros por soeces».[219]

Sin embargo, la que juzga inoportuna visita de sus amigos, los hermanos Antonio y Emilia, invitados por sí mismos a pasar con don Luis unos días con la misma desfachatez que la familia de la esposa en *Medidas extraordinarias*, acaba reportando al joven una ayuda inestimable para salir del atolladero en que se encuentra, una vez firmados los contratos matrimoniales, cuando se convence de lo errado de su elección.

Precisamente la primera escena con estos amigos sirve para demostrar la urbanidad de don Luis, cortés y caballeroso con ellos pese a renegar por dentro de su mala fortuna, sin que su desazón interior le haga olvidar los detalles de

---

[218] Ibídem, f.º 12v., p. 14.
[219] Ibídem, f.º 17v., 18v., 13r., 14r; pp. 18, 19, 14.

buena crianza, hasta verse precisado a explicarles la situación cuando ellos, por el contrario, con una familiaridad insólita, insisten en convertirse en huéspedes.

En cuanto a Balbino, desde la primera escena del segundo acto en que se presenta con la boleta en que se le indica a don Luis Mendoza acogerle en su casa, ostenta un carácter arrogante y mujeriego.

Cabe entender por qué al anónimo articulista de *El Correo Nacional* le resultaban caricaturas estos personajes. Ahora bien, reconocía el verismo de ciertas escenas y eso implicaba reconocer también en cierta medida el de los personajes. Bermúdez de Castro concretó algo más esa misma idea y censuró a Bretón por haber «recargado las tintas, las groseras ridiculeces de las pasiones mezquinas». En general, encontraba pobres y falsos los caracteres: Manuela era una muchacha «bestia, zafia y grosera a un punto tal que casi toca ya en imposible»; Ciriaco, su padre, «un viejo hablador, necio y bonachón, dominado por su mujer, como casi todos los maridos que ha presentado el señor Bretón al teatro»; «la tía Macaria es su misma hija crecida en edad», Balbino «parece un jaque andaluz más bien que un soldado». Por lo que respecta a don Luis, el novio, le parecía el personaje más falso de la comedia, primero por enamorarse de alguien como Manuela y luego, por desenamorarse de pronto. A su juicio, «el que es capaz de concebir amor por una mujer tal como la ha pintado el poeta, supuesto este caso a nuestro entender imposible, es ciertamente incapaz de desengañarse nunca».[220]

A Bermúdez de Castro, igualmente, le parecía penosa, aburrida y ridícula la situación en que se encuentra el protagonista masculino, Luis, desde el principio de la comedia, particularmente en presencia de sus amigos Antonio y Emilia, y eso en su opinión suscitaba el desinterés general por el desarrollo de unos acontecimientos previsibles. Tachaba de parodia la celebración ofrecida a los participantes de los esponsales en el segundo acto, de grotesco el diálogo de don Luis con Emilia para intentar librarse de las nupcias procurando simular un compromiso matrimonial contraído antes; de incalificable la idea de pensar en casarse con la criada de la casa después de la negativa de Emilia; de gratuito mal gusto la conversación entre don Luis y su amigo Antonio sobre las posibles causas por las que pudiera impedirse ratificar el matrimonio. Estaba claro que tomaba la obra más en serio de lo que pretendía el autor, a quien, en realidad, no podía sino achacársele haber incluido su obra en un género que no le correspondía. Porque, como indicó el articulista de *El Correo Nacional*, se acumulaban en ella los motivos de hilaridad, así que, de haberse clasificado como sainete, los espectadores solo hubieran pensado en admirar los chistes, las situaciones cómicas y las exageraciones de los personajes, que arrancaban involuntariamente las carcajadas desde el principio hasta el fin.

---

[220] [REDACCIÓN], «Folletín. Teatros. *Dios…*», op. cit., p. 1. LÚCULO, «*Dios los cría…*», op. cit., p. 41.

Tampoco había contraste entre los personajes: todos hacían gracia o eran del todo insignificantes. Pero el mayor error, según el mismo articulista, se encontraba en que la pieza estaba plagada de palabras y frases malsonantes, muchas de ellas inadmisibles en las clases educadas y otras que, si bien solían decirse en sociedad de mucha confianza, no por eso debían oírse en un teatro, dado que ni el autor con los espectadores, ni los espectadores entre sí tenían esa confianza, «y muchas cosas que pasan en familia, hacen salir los colores a la cara dichas en público».[221]

Estas críticas, como se ve, mantienen unos resabios neoclásicos de los que el autor venía desprendiéndose desde hacía diez años: rigidez en la clasificación, decoro y expurgos en el lenguaje, como había hecho la dieciochesca Real Academia Española con los clásicos españoles. Solo que no parecía apreciarse cómo quedaban en la propia comedia tintes de clasicismo, pues el antiguo fiel de fechos Ciriaco amonestaba continuamente a su mujer y a su hija, ya desde sus primeras intervenciones en escena, y les enseñaba la correcta pronunciación de los distintos términos, hasta donde llegaba su propio saber.

Desde luego, los continuos vulgarismos de los lugareños habían de ser motivo de hilaridad, sobre todo en boca de la actriz Jerónima Llorente en su papel de Macaria. Sus esfuerzos por emplear un registro culto y comportarse con urbanidad se resuelven en un habla cargada de solecismos, ya sean metaplasmos por prótesis, como *asiéntense ustedes, o *responsales cuando quería decir esponsales; por síncopas, como en los casos de *abrigüe en lugar de averigüe, *senifica en lugar de significa, «no *estante» para decir no obstante; o por disimilaciones, como en los ejemplos *denguno, en lugar de ninguno, «*llevarsus Ruperta y tú…», «calla y *has lo que te digo».

Algunas expresiones llegaban al extremo de lo chocante, como la de Macaria «No me se encoge el ombrigo», o cuando le explica a don Luis que a su hija «la [sic] da un soponcio / si no la aflojo el *corsel», o cuando habla de una «*ausolución general» y de una *molestación en lugar de amonestación. Pero quizás más chocantes todavía resultaban las expresiones de Manuela al lado de las finuras que le dedica don Luis, sobre todo cuando se la oía decir *eceon por ecce homo, *sastifaición por satisfacción, *rinunciar a la boda, o cuando decía quererle «hasta el huevo». Algunas seguramente no las había oído el público antes, como cuando llama reumática a Emilia, en lugar de romántica, cuando aseguraba «Yo *deprenderé en Madrid» por «aprenderé en Madrid»; cuando usaba una imagen con la que se animalizaba ella misma, «Si se me va la burra / que dijo el otro / tírale tú del ronzal», o cuando llegaba al extremo de llamar *contraltos a los contratos matrimoniales, *tripulación a la tribulación, o se reconocía a sí misma *inficionada y no aficionada a la tropa. También a ella

---

[221] [REDACCIÓN], «Folletín. Teatros. *Dios…*», *op. cit.*, p. 1. *LÚCULO*, «*Dios los cría…*», *op. cit.*, pp. 41-42.

se le atribuían arcaísmos convertidos en vulgarismos ya entonces, del tipo de «Haiga salú y apetito».[222]

A Bermúdez de Castro, como era de esperar, parecía haberle exasperado este lenguaje chabacano: opinaba que había agrupado el autor a los miembros de una familia que se expresaba con un estilo que no se encontraba fácilmente ni aun en los lugares más bajos. Solo que parecía contradecirse en el mismo artículo: «como si no tuviésemos siempre ante los ojos bastantes espectáculos de bajeza, se ha empeñado en calumniar en el teatro la misma miseria y grosería de algunas clases». Y, aun cuando aquello fuese verista, no era del mejor gusto hacer declamar ante un público ilustrado, en el primer teatro de la capital, esta fraseología, y puso el ejemplo de expresión repugnante la ya citada, «no *me se encoge el *ombrigo».[223]

Pero el director de *El Iris* no era crítico de profesión: en las obras teatrales parecía buscar personajes con los que identificarse, modelos a los que adherirse. Por eso, su opinión quedaba mediatizada por su propia experiencia y, sobre todo, por la imagen que deseaba ofrecer, aunque fuera bajo un pseudónimo: procedía de una acomodada familia afincada en Cádiz y dedicada a los negocios —por tanto, no perteneciente a la nobleza—, lo que les había proporcionado a él y a sus hermanos la posibilidad de adquirir una formación y una educación privilegiadas… pero no los timbres necesarios para figurar entre los aristócratas. A lo largo de su vida demostraría su afán por diferenciarse de la gente ordinaria, por encumbrarse, por adquirir renombre y títulos (marqués de Lema, duque de Ripalda, príncipe de Santa Lucía, entre otros), hasta tener una hija con una princesa bávara, hermana de una emperatriz.[224] Aquí proporcionaba un ejemplo, más o menos veraz, de no haberse mezclado con gentes de la índole de aquellos lugareños, pero al mismo tiempo afirmaba también que se tenían demasiados ejemplos a la vista, como quienes, hartos de alternar con ese tipo de personas, luchan por apartarse de ellas y situarse exclusivamente en ambientes exquisitos.

De todos modos, Bretón de los Herreros no había hecho descansar la comicidad exclusivamente en el lenguaje, sino en la entonación, especialmente en la diferencia de inflexiones y acentos que sin duda habrían de ostentar los diferentes actores, así como en la que había de adquirir la misma frase o exclamación, como cuando aparece Macario y don Luis exclama para sí «Mi suegro», al tiempo que don Antonio y doña Emilia se asombran al verle con sendos «¡El

---

[222]   BRETÓN DE LOS HERREROS, Manuel, *Dios…*, *op. cit.*, pp. 31, 34, 35, 32, 34, 23, 71, 31, 12, 13, 72, 23, 16, 34, 35, 52, 23; ÍDEM, *Dios…*, *op. cit.*, MSS/20093, f.º 30v., 33v., 34r., 34v., 41r., 31v., 33v., 72r., 31v., 10v., 11v., 22v., 90r., 22v., 32v., 34r., 51r.

[223]   LÚCULO, «*Dios los cría…*», *op. cit.*, p. 42.

[224]   Véase CALVO SANZ, Roberto, *Don Salvador Bermúdez de Castro y Díez: su vida y obra*, Valladolid, Universidad de Valladolid, 1974.

suegro!» y «¡Su suegro!», pasmo que dará lugar a nuevas interjecciones cuando aparezca Manuela.[225]

También había previsto el valor jocoso de la gesticulación y de la proxémica, y en varias ocasiones se mencionan las ridículas cortesías tanto de Manuela como de su madre[226] o el modo de saludar de la primera, al que une un discurso de una zafiedad grotesca para los habitantes de Madrid, hasta llegar a avergonzar al novio:

> MACARIA: ¿Qué haces tú, boba?
> Saluda a esa mocita
> al estilo de Madrid.
> MANUELA: Ya voy, mamá,
> que no soy costal de trigo. (*Dando la mano a Emilia*).
> Venga la mano y me alegro
> que *haiga *salú y apetito.
> DON LUIS: (¡Yo soy mártir!) […]
> MACARIA: ¡Muchacha! Un abrazo ahora
> y un beso en cada carrillo.
> MANUELA: (*A Emilia*) Con el aquel del casorio
> tengo trabucado el juicio
> y olvidaba lo primero
> y *prencipal. ¡Al avío!
> Un abrazo y besémonos.[227]

O cuando Macaria entrega platos a los asistentes y les hace esperar con ellos la merienda que les ofrece como banquete, un derroche en su sentir, pero a una hora inadecuada y, en la época, más propia de un bautizo que del refresco propio para celebrar los contratos matrimoniales. Así, se confía a los actores el gesto que habrían de realizar con los platos, cuando los procedentes de Madrid rehúsen tomar el chocolate y los bollos. Don Luis habrá de preguntar en pro de sus invitados: «¿Y hasta cuándo hemos de estar / con plato en ristre los seis?».[228]

Igualmente, se crea otro efecto humorístico merced a la necedad de Manuela, cuando insinúa una conducta inadecuada, con una inocencia dependiente tanto de los ademanes y la proxémica, como de la entonación:

> MANUELA: ¿Y qué hacen
> las novias con los padrinos?
> DON LUIS: (*Enfadado*) Donosa pregunta.
> Nada.

---

[225]   BRETÓN DE LOS HERREROS, Manuel, *Dios…*, *op. cit.*, pp. 20, 22; ÍDEM, *Dios…*, *op. cit.*, MSS/20093, f.° 20v., 22r.
[226]   Ibídem.
[227]   Ibídem, f.° 23r., pp. 23-24.
[228]   Ibídem, f.° 36r., p. 37.

> MANUELA: Por cumplir desde el *prencipio
> mis obligaciones…
> DON LUIS: Todas
> se refieren al marido.[229]

Después del triunfo obtenido con los recursos dependientes del vestuario tanto en la traducción de *Un día en Madrid* y como en *El pelo de la dehesa*, obras estas en las que a los protagonistas les procuraban un traje, guantes y zapatos de última moda, pero incomodísimos por lo estrechos,[230] a Bretón de los Herreros le costaba renunciar a nuevas risas con ocurrencias del mismo jaez. Así, aunque Ciriaco, Macaria y Manuela entran en escena ataviados con los ricos trajes que les trae de Madrid don Luis, ha de percibirse su nulo conocimiento sobre cómo llevarlos: Ciriaco, el padre, sale a escena con la ropa «como despegándosele», cuando en la época la moda consistía en que se ajustara perfectamente al cuerpo; Manuela sale «mal prendida», desgarbada y sobrecargada ridículamente de joyas y complementos, y de modo similar su madre.[231]

Bretón de los Herreros, sin embargo, hacía descansar esta comicidad en situaciones bastante verosímiles. Por eso, la redacción de *El Correo Nacional*, cuando estipulaba que ciertas escenas eran veristas y ocurrían en el mundo real, pero no por eso habían de verse en el teatro,[232] no parecía advertir que Bretón preconizaba nuevas corrientes estéticas que empezarían años después a cultivarse en España y ya nunca se modificarían, a saber, el realismo, también en el lenguaje, y no solo la verosimilitud. Gracias a esto sus obras pueden leerse hoy como ejemplos de hablas y conductas en la vida de la época.

Ya se ha visto que Bermúdez de Castro manifestó su repulsa hacia gran parte de los componentes de la pieza. Aparte de lo ya recordado, la moraleja le parecía inaceptable. Pero eso solo podía proceder de una visión ingenua, de un concepto de justicia poco verista: decía el director y redactor de *El Iris* que el único personaje con pasiones hasta cierto punto generosas, como don Luis, se veía escarnecido y burlado; la infame y baja conducta de Manuela alcanzaba un premio; ella y el soldado, coligados contra don Luis para hacerle casar y engañarlo después, recibían de su mano un capital y una renta en pago. Además, encontraba de un cinismo molesto la escena en que don Antonio ajustaba y regateaba con Balbino y Manuela la libertad de su amigo, y esta impresión se agravaba con el desenlace.[233]

---

[229] Ibídem, f.º 24r., p. 24.
[230] Véase BALLESTEROS DORADO, Ana Isabel, *Manuel Bretón de los Herreros…, op. cit.*, vol. I, pp. 511-520; vol. II, 667-680.
[231] BRETÓN DE LOS HERREROS, Manuel, *Dios…, op. cit.*, pp. 20, 22; ÍDEM, *Dios…, op. cit.*, MSS/20093, f.º 20v., 21, 22r.
[232] [REDACCIÓN], «Folletín. Teatros, *Dios…*», *op. cit.*, p. 1.
[233] *LÚCULO*, «*Dios los cría…*», *op. cit.*, p. 42.

Ahora bien, no parecía darse cuenta de que el concepto de justicia poética propuesto por Aristóteles se hermanaba con el triunfo y el despliegue de la lógica de la acción: don Luis había caído en el error de resolver casarse sin pensarlo con la suficiente frialdad y poco a poco iba comprendiendo su equivocación, en parte, seguramente, por las circunstancias y ejemplos que la presencia de sus amigos le inducía a considerar. Al final, pagaba por ese desatino de acuerdo con las leyes y costumbres del momento, pues se volvía atrás cuando ya estaban tomados los dichos, aunque el matrimonio no estuviera ratificado por la iglesia, ni tampoco consumado. Los sentimientos generosos a los que aludía el crítico se habían mezclado con cierta obstinación orgullosa cuando sus amigos le habían advertido de lo que veían como un disparate. El público podía, así, percatarse de las consecuencias de ese tipo de imprudencias. Pero, además, él mismo lo explicaba, cuando su amigo don Antonio había conseguido que Balbino se acomodase a las pretensiones de don Luis por siete mil reales y él ofrecía diez mil, y además dos pesetas diarias mientras vivieran él y Manuela:

> DON ANTONIO: (*En voz baja*) ¡Tú chocheas!
> DON LUIS: (*En alta voz*). ¡No! Y aun compro muy barata
> mi quietud; y ¡qué! ¿no es fuerza,
> Antonio, que pague yo
> de algún modo mi simpleza?
> Además, si tengo vida
> quizá la debo a esa bella
> criatura, y no es hidalgo
> quien olvida tales deudas.[234]

Por otra parte, lo que llamaba Bermúdez de Castro cinismo de don Antonio, no suponía sino una forma de intermediar desinteresada para favorecer a su amigo.

Respecto a la versificación, ningún crítico podía censurarla, y todos daban por sentado que se trataba aquel de uno de los puntos fuertes en cualquier obra del autor. Sin embargo, eso mismo suponía dejar apartado de las reseñas este aspecto, cuando no suponía solamente una forma dialogal de los personajes, sino que en muchas escenas el efecto se sustenta en ella. Como en otras piezas de la época, también las románticas, las estrofas más frecuentes empleadas en la obra son la redondilla y el romance, pero Bretón cambia de metro en momentos especiales. Por poner solo un ejemplo, introduce un romancillo de hexasílabos cuando don Luis inicia una escena amorosa, la tercera de la obra, con Manuela, a la que ella no corresponde por estar con la atención puesta en los regalos sin abrir:

---

[234] BRETÓN DE LOS HERREROS, Manuel, *Dios...*, *op. cit.*, pp. 87-88.

Don Luis: Prenda de mis ojos,
   tres días hace hoy
   que no me alegraba
   tu cara de sol. [...]
Manuela: (¡Vendrá en aquel cofre
   la gracia de Dios!).
Don Luis: Mas ya que la hora
   se acerca veloz
   de que el santo yugo
   nos una a los dos...
Manuela: (Encajes y plumas
   y raso y crespón...).
Don Luis: ¿No me oyes, Manuela...[235]

La brevedad de los versos invita a una declamación más ágil que la pausada solemnidad que transmite el arte mayor, y se distingue también del octosílabo, que se considera más cercano al lenguaje común. La musicalidad acerca la escena a la tradición amorosa medieval, rota por la materialista inquietud de Manuela. Pero, además, esta métrica, tanto como el tipo de escena y el contraste en las actitudes de los personajes, parece llamar a convertirse en dúo de zarzuela, un género que el autor contribuiría a resucitar y hacer evolucionar a lo largo de los años siguientes.

El montaje: la beneficiada se luce haciendo un mal papel

Nuevamente, Bretón de los Herreros ahorraba gastos a la compañía, al componer una pieza que sucedía en la sala de una casa de Leganés, decorada «con aseo y sencillez», con puertas en el foro y a derecha e izquierda, donde también se dispondría de sendas ventanas. Esto permitía elegir entre los numerosos enseres de teatros guardados en los almacenes.

La beneficiada, Matilde Díez, se avino a encarnar a Manuela, un papel bastante alejado de aquellos de primera dama en que sus dotes lucían más. Cómo no, los críticos habrían de señalarlo: el de la *Gaceta de Madrid* lamentaba que se hubiera visto obligada durante treinta noches seguidas a interpretar un papel mínimo y frío en *Los polvos de la madre Celestina*, pero igualmente que hiciera el de Manuela en *Dios los cría y ellos se juntan*, en lugar de personajes como esa Clotilde tan sublime, del drama del mismo título; esa Inés tan patética, de *Carlos II el hechizado* o esa Gabriela admirable, también en una pieza con ese nombre, así que se había transformado de la cándida doncella Teresa en una palurda torpe, y había ocultado su sensibilidad bajo el barniz de la grosería y el interés.[236]

---

[235] BRETÓN DE LOS HERREROS, Manuel, *Dios...*, *op. cit.*, pp. 10-11.
[236] N.[AVARRETE], R.[amón de], «Teatros...», *op. cit.*, p. 4.

Con todo, el papel de lugareña no era de los más opuestos a su repertorio, pues no en vano había logrado llamar la atención de Grimaldi interpretando a la Preciosilla del duque de Rivas,[237] pero quién sabe si, precisamente por hacer de Manuela, los asistentes se habían llamado a engaño respecto al carácter de la obra, pues asociaban a Matilde Díez con otro tipo de papeles y además pensarían que, siendo la mujer del empresario, por orgullo escogería solo personajes de su gusto, y más aún para el día de su beneficio. A eso se había añadido el género en que se había clasificado en los anuncios a aquella pieza.

Debe tenerse en cuenta que, con mucha frecuencia, quizás de manera más visible en el periodo aquí estudiado que en otros, Bretón de los Herreros concibió sus obras de acuerdo con los actores que podían interpretarlas. Escrita como estaba en 1840, quizás había pensado para este personaje en Juana Pérez, aquella provinciana a quien tanto había apoyado a instancias del conde de Cheste, pero que aquella temporada se encontraba en Granada, en la compañía de Tamayo y Valero.[238]

En realidad, aquella pieza más parecía pensada para un beneficio de Jerónima Llorente, que encarnaría a Macaria y que llenaría cumplidamente su cometido, o bien para el de Antonio Guzmán, primer actor cómico ya en este periodo y que podía dar un carácter interesante a la creación de Ciriaco. Ramón de Navarrete no podía dejar de resaltarlo:

> «La ejecución ha sido, igualmente, perfecta: sin embargo, de todos los actores que la han desempeñado, dos no más estaban en su centro. La señora Llorente con ese aplomo, con esa inteligencia, con esa naturalidad que son ya proverbiales; el señor Guzmán con su gracejo, con su maestría, con su inimitable talento. Matilde y Julián Romea, aunque tan superiores como siempre, echaban de menos ese campo vasto y dilatado, donde tantos laureles han cogido; la linda Teodorita, Florencio Romea y Sobrado parecía también que recordaban otros triunfos lejanos y recientes».[239]

En lo referente a Matilde Díez, cabe preguntarse si acaso le gustó la obra una vez escrita y aceptó interpretarla. Pero si aquella primera dama escogió la obra para el día de su beneficio habría de ser por esperar muy buenas entradas y, por tanto, lucirse y ganar dinero extra con ella.

---

[237]   SEPÚLVEDA, Ricardo, *El corral de la Pacheca. Madrid y su teatro*, Madrid, Librería de Fernando Fe, 1888, pp. 305-306.

[238]   Como primera dama junto con Joaquina Baus figuraba en las listas. Véase, por ejemplo, [REDACCIÓN], «Teatro de Granada», *La Prensa*, 97 (24 de abril 1840), p. 4.

[239]   N.[AVARRETE], R.[amón], «Teatros...», *op. cit.*, p. 3.

Julián Romea, por su parte, figuraba bien en un papel de caballero de la época, como don Luis, joven y algo inexperto, pero buen conocedor de los modales de la buena sociedad del momento y no exento de dignidad. Aquel que se convertiría en maestro de la naturalidad escénica estaría muy bien en un personaje que podía representar a un joven de condiciones similares a las propias. Su hermano, Florencio Romea, también debió de sentirse muy a gusto en el papel de su amigo don Antonio, pues no le ofrecía las dificultades de otros más complejos para sus limitaciones.

En cuanto a Teodora Lamadrid, que iba mejorando día a día, no había de serle difícil encarnar a Emilia, pero se trataba del beneficio de Matilde Díez, y a ella le correspondía aceptar lo que se le asignase. Trinidad Parra, que se encargó de la criada Ruperta, sí estaba en el puesto que le correspondía, en cualquier caso. Pedro Sobrado habría de interpretar, una vez más, a un soldado, en este caso a Balbino, y un apenas conocido Juan Santa Coloma ejecutaría el papel de otro de los criados.

Teodora Lamadrid. Retrato de Federico Madrazo.
Impreso por Alphose Lèon Noêl. Biblioteca Nacional de España.

Matilde Diez. Estampa para *El Cisne*.
Biblioteca Nacional de España.

Aplausos, reposiciones y fortuna fuera de Madrid

Parece fuera de toda duda que el público lo pasó bien en las funciones: según la redacción de *El Panorama,* que publicó su crónica cuando las cuatro representaciones ya habían tenido lugar y así mismo varias reacciones en la prensa de diferente signo, los espectadores se habían divertido mucho. La revista no ofrecía ninguna opinión propia ni valoraba las de los colegas, excepto para oponer, a las negativas, lo que parecía el sentir del público, detalle que hablaba por sí mismo.[240]

El marqués de Molins insertó, en su extensa biografía del autor, la nota completa con que Bretón de los Herreros había encabezado la edición de la pieza en 1850, con la que respondía a los comentarios negativos: aseguraba que los actores habían creído en su éxito y que las continuas ovaciones escuchadas durante la representación les habían parecido una garantía de triunfo. No obstante, admitía que, al concluir, ciertos espectadores habían manifestado de modo contundente su desagrado, pese a haber reído y palmoteado durante la representación.

---

[240]   [REDACCIÓN], «Crónica», *El Panorama*, 113 (19 de febrero 1841), p. 72.

¿Cómo era posible que unos articulistas parecieran convencidos de la diversión del público y, por tanto, de la aceptación de la pieza, mientras que otros aseguraran lo contrario? Véanse las razones.

Bretón de los Herreros, en la nota inserta en la recopilación de obras publicada en 1850, se llamaba a sí mismo «poeta cómico» y decía que su misión era hacer reír, pero por eso, en la dirección apuntada por *El Correo Nacional*, debería haber avisado de que la obra era un sainete y no una comedia: «¡Es un sainetón! decían luego por los pasillos y en el café; y no faltaron periódicos que condenasen la comedia, sin hacer apenas otra cosa, para fundar su tremendo fallo, que repetir aquella enfática y augusta frase: ¡Es un sainetón! y decir que pecaba contra las leyes del buen tono…». Pero Bretón de los Herreros se proponía combatir y escarnecer el mal tono. De hecho, y esto no lo mencionó él en la presentación de 1850, ni Roca de Togores en su estudio, de modo similar lo venía haciendo en obras anteriores universalmente aplaudidas durante años y años, como *A Madrid me vuelvo* o, sobre todo, *Medidas extraordinarias*, piececita que solía reponerse durante las navidades. Bretón se defendía de las críticas de Bermúdez de Castro sin mencionarle, asegurando no proponerse laurear la maliciosa simpleza de Manuela, la desvergüenza de Balbino, la grosería de Macaria, la ridícula suficiencia de Ciriaco, sino todo lo contrario, inculcar «máximas saludables y provechosas lecciones».[241]

Recordó nuestro comediógrafo que, en sucesivas reposiciones, la obra se había representado sin problemas, como así mismo en las provincias, ese «tribunal de apelación», como empezó a llamarlas. Lo cierto es que, por lo que respecta a Madrid, no parece que volviera a representarse en los teatros principales, aunque sí en los de segundo orden, como el de Tres Musas, en concreto en la Nochebuena de 1843; en el del Instituto, en 1851, o en el Teatro Lope de Vega los días 20, 21 y 22 de octubre.[242] Pero, sobre todo, alcanzaría mejor consideración ya fallecido el autor: a propósito de un nuevo montaje, un crítico de la talla de Luis Alfonso juzgaría que, entre las comedias bretonianas que se reducían a ser espejo fiel de la clase media de su tiempo, esta se trataba de una «comedia animada, viva y ligera», que entrañaba una lección moral «no por lo simple menos exacta y y propia», y que abundaba en situaciones y dichos cómicos que «solazaron de veras a los espectadores».[243] Entre otros elogios a propósito del mismo montaje, el articulista de *El Globo* defendió la pieza y a su autor, y estimó injustos los dicterios de la época de su estreno: «Entonces no se quiso ver que *Dios los cría y ellos se juntan* es una de las obras en que brillan con mayor fuerza las especiales dotes de Bretón», y pasó a enumerarlas: tipos presentados

---

[241]   MOLINS, marqués de, *Bretón de los Herreros…, op. cit.*, pp. 281-282.
[242]   VALLEJO, Irene y OJEDA, Pedro, *El teatro…, op. cit.*, p. 128.
[243]   L.[UIS] A[LFONSO], «Teatro Lara. Inauguración de la temporada», *La Época*, 11.548 (7 de septiembre 1884), p. 3.

y sostenidos con observación e ingenio, en lo cual coincidía con la opinión de Hartzenbusch; una incomparable versificación, agudezas propias y naturales, y un fin moral encaminado a corregir vicios, ridiculeces y debilidades humanas.[244] Manuel Cañete también reconoció entonces que los personajes tenían tal vida, estaban caracterizados con tal maestría, que parecían «arrancados de las entrañas de la realidad».[245] Además, todavía la gente se reía continuamente con las distintas situaciones y se verían de otro modo las soeces expresiones que habían soliviantado a Bermúdez de Castro:

> «...la ordinariez con que se expresan en ella Manuela, Macaria y Balbino [...] sobre estar en perfecta armonía con la natural condición de aquellas figuras cómicas, y ser indispensable de todo punto al desarrollo de la idea moral [...] dista mucho de confundirse con el lenguaje tabernario y soez de que hoy suele hacerse gala en no pocas representaciones, a las cuales asisten sin escrúpulos ni protestas personas decentes y de buen tono».[246]

El redactor de *El Noticiero* sí admitiría que «Entre los chistes, hay alguno subido de color, pero dicho con tal arte y de tan ingeniosa manera, que pasa sin dificultades, demostrando que todo se puede decir en el teatro... como lo dice Bretón de los Herreros».[247]

Parece significativo que el actor cómico Mariano Fernández eligiera justamente esta pieza para su beneficio, el 20 de diciembre de 1873, pocas semanas después de la muerte del riojano, cuando en el resto de los teatros se estaban reponiendo otras piezas suyas. Él hizo el papel de Ciriaco, y tomaron parte en la función el aplaudido Antonio Vico como Balbino y el no menos famoso Rafael Calvo como don Luis. Lograron un éxito suficiente como para repetir la representación durante una semana.[248]

---

[244] P. B., «Novedades teatrales. Lara», *El Globo*, 3239 (7 de septiembre 1884), p. 3 [3-4].

[245] CAÑETE, Manuel, «Espectáculos. Teatro Lara», *El Noticiero*, II 227 (7 de septiembre 1884), p. 3.

[246] [REDACCIÓN], «Los teatros. Apertura del Lara, Eslava y Apolo», *La Ilustración Española y Americana*, II 227 (7 de septiembre 1884), p. 180 [179-181].

[247] CAÑETE, Manuel, «Espectáculos. Teatro Lara...», *op. cit.*, p. 3.

[248] Véase, [EMPRESA DE TEATROS], «Teatro de Apolo», *Diario Oficial de Avisos de Madrid*, AÑO CXV, 354 (20 de diciembre 1873), p. 4; [EMPRESA DE TEATROS], «Teatro de Apolo», *Diario Oficial de Avisos de Madrid*, AÑO CXV, 355 (21 de diciembre 1873), p. 4; [EMPRESA DE TEATROS], «Teatro de Apolo», *Diario Oficial de Avisos de Madrid*, AÑO CXV, 356 (22 de diciembre 1873), p. 4; [EMPRESA DE TEATROS], «Teatro de Apolo», *Diario Oficial de Avisos de Madrid*, AÑO CXV, 357 (23 de diciembre 1873), p. 4; [EMPRESA DE TEATROS], «Teatro de Apolo», *Diario Oficial de Avisos de Madrid*, AÑO CXV, 358 (24 de diciembre 1873), p. 4; [EMPRESA DE TEATROS], «Teatro de Apolo», *Diario Oficial de Avisos de Madrid*, AÑO CXV, 359 (25 de diciembre 1873), p. 4; [EMPRESA DE TEATROS], «Teatro de Apolo», *Diario Oficial de Avisos de Madrid*, AÑO CXV, 360 (26 de diciembre 1873), p. 4; [EMPRESA DE TEATROS], «Espectáculos», *La Discusión*, 1925 (27 de diciembre 1874), p. 4; Véase [EMPRESA DE

Al año siguiente, el público tendría nuevamente ocasión de asistir a un montaje precisamente en el teatro Bretón de Madrid, y el empresario Felipe Ducazcal elegiría esta pieza para homenajear a Julián Romea en 1878. Todavía en 1884 le cupo el honor de ser escogida para inaugurar la temporada de invierno en el teatro Lara en presencia de Alfonso XII en el montaje antes mencionado: esta vez Balbina Valverde encarnó a Macaria, Sofía Alverá de Nestosa a Manuela, Julián Romea Parra[249] a don Antonio, Pedro Ruiz de Arana a don Luis y Emilio Mesejo a Ciriaco. También entonces se mantuvo en cartel numerosos días de septiembre y de octubre.

Si se atiende a las representaciones de provincias, el recuento de los montajes requeriría una monografía: por poner solo algunos ejemplos, en Valencia se montó en el mes de abril el año del estreno, como se aprecia en un cartel conservado. Y era lógico, pues precisamente los personajes no exigían excesivas aptitudes teatrales por parte de los intérpretes: siguiendo con algunos ejemplos de diferentes ciudades, en el Liceo de Barcelona se puso los días 14, 15 y 24 de junio de 1841 y varios días en febrero, marzo y mayo de 1843, en el Teatro Principal, así como se repetiría en los años sucesivos y en el siguiente decenio.[250]

En Palma de Mallorca se pondría ese mismo año, tanto en septiembre como en diciembre, lo que indica haberse recibido bien. Con todo, su ejecución tampoco estaba exenta de ciertos requisitos. Así, al representarse allí el 4 de enero de 1844, el crítico encontró fallos en la actriz que encarnaba a Manuela. Por lo que respecta a la obra en sí, desde luego la valoraba mucho mejor que lo visto en los diarios de la capital:

> «…si no la más aventajada entre sus obras, divertida, y como todas, abundante en chistes y gracias originales. Su desempeño, generalmente hablando, no fue de lo más desacertado, aunque hubiera producido mejor efecto el carácter de Manuela, si la dama joven no hubiese confundido la sencillez de una aldeana con los arranques y violentos ademanes de una tonta; lo que prueba que si dificultades presenta la imitación de los sublimes caracteres, no ofrecen menos escollos los

---

TEATROS], «Gacetilla. Noticias de teatros», *La Iberia*, 6532 (20 de febrero 1878), p. 3; [EMPRESA DE TEATROS], «Madrid. Apertura del teatro Lara», *El Día*, 1553 (7 de septiembre 1884), p. 3.

[249] Julián Romea Parra, sobrino de Julián Romea, e hijo de Mariano Romea Yanguas y de Trinidad Parra Navarro.

[250] Véase también CERVELLÓ ESPAÑOL, Carlos, *La vida escénica…*, *op. cit.*, pp. 176, 190, 280, 539, 542; [EMPRESA DE TEATROS], «Tres Musas», *Revista de Teatros*, 353 (22 de diciembre 1843), p. 1; [EMPRESA DE TEATROS], «Espectáculos», *El Constitucional*, 805 (14 de junio 1841), p. 4; [EMPRESA DE TEATROS], «Espectáculos», *El Constitucional*, 806 (15 de junio 1841), p. 4; [EMPRESA DE TEATROS], «Espectáculos», *El Constitucional*, 815 (24 de junio 1844), p. 4; [EMPRESA DE TEATROS], «Espectáculos», *El Constitucional*, 1380 (23 de febrero 1843), p. 4; [EMPRESA DE TEATROS] «Espectáculos», *El Constitucional*, 1383 (26 de febrero 1843), p. 4; [EMPRESA DE TEATROS], «Espectáculos», *El Constitucional*, 1399 (15 de marzo 1843), p. 4; [EMPRESA DE TEATROS], «Espectáculos», *El Constitucional*, 1456 (11 de mayo 1843), p. 4.

vulgares, que en lenguaje técnico llamaremos coturno bajo, y que conviene hacer para ellos un estudio especial si se han de aproximar a la verdad los actores».[251]

Volvería a verse allí también en los siguientes años, e igualmente en Granada, donde hizo reír mucho en 1841 por primera vez, con la compañía de José Valero. No obstante, Agustín Salido, crítico de *La Alhambra*, estimaba que como obra literaria no era la mejor de Bretón de los Herreros y la contrapuso a *Mi secretario y yo*.[252]

La pieza también se subió a los escenarios americanos: por ejemplo, se montó en Méjico y la compañía de José García Delgado la llevaría a Buenos Aires en 1884.[253]

Cuentas atrasadas

Manuel Bretón de los Herreros no repudió esta pieza en la preparación de su compilación final: explicó cómo, en vez de esta, había desechado la obra juvenil *Mocedades*, por ser más endeble frente a *Cuentas atrasadas* y *La niña del mostrador*, todas las cuales partían del mismo motivo, a saber, el abandono de una niña, ilegítimamente nacida, por parte de su padre. Argumentó, para no prescindir de *Cuentas atrasadas*, el carecer del conato de incesto, frente a *Mocedades*; el contar con más enredo, ser más verosímil y original, aparte de figurar en ella dos caracteres que dejó sin calificar, pero que debían de resultarle dignos o atractivos en alguna medida.[254]

Le Gentil habría de citar la pieza de 1841 para establecer la realidad de la vida militar en la época, dependiendo de la familia a la que perteneciera cada individuo: las fórmulas para iniciarse, para alcanzar charreteras y para retirarse u obtener empleos. La incluyó también en la imagen de los militares transmitida en las obras bretonianas a través de diferentes personajes, en este caso Pedro de Corvina y su usurpador Leoncio Monturjo.[255]

Aunque Miguel Ángel Muro no se ha detenido en el examen de esta obra, la ha juzgado complicada y folletinesca, aparte de pensar que difícilmente cabe encontrar en ella algún momento aceptable. Compendió también en las inter-

---

[251] [EMPRESA DE TEATROS], «Teatros», *El Genio de la Libertad*, 91 (28 de septiembre 1843), p. 4; [EMPRESA DE TEATROS], «Teatros», *Diario Constitucional de Palma*, 85 (24 de diciembre 1843), p. 4. [REDACCIÓN], «Revista de teatros», *El Balear*, 10 (7 de enero 1844), p. 5 [4-7].

[252] S.[ALIDO], A.[gustín], «Revista teatral», *La Alhambra*, tomo IV, 19 (9 de mayo 1841), p. 228.

[253] MAÑÓN, Manuel, *Historia del Teatro Principal de México, 1753-1931 e historia del Viejo Gran Teatro Principal de México*, Méjico, Consejo Nacional para la Cultura y las Artes, 2009, p. 33; PELLETIERI, Osvaldo *et al.*, *Historia del teatro argentino...*, *op. cit.*, tomo I, p. 86.

[254] BRETÓN DE LOS HERREROS, Manuel, «Plan para una nueva edición de mis obras», en *Obras de don Manuel Bretón de los Herreros...*, *op. cit.*, 1883, tomo I, p. LXIII.

[255] LE GENTIL, Georges, *Le poète Manuel Bretón...*, *op. cit.*, p. 425-429.

venciones del personaje de Sebastiana, mujer educada por su padre, maestro en latinidad, casi todos los latinismos empleados por Bretón de los Herreros en sus comedias. Asimismo, ha incorporado en su clasificación de simulacros de juicio uno de esta comedia, cuando la marquesa se muestra reticente a explicar a su primo don Pedro por qué no le quiere dar la mano de su hija, y las protestas de este.[256]

Por su parte, Pau Miret ha presentado esta pieza como ejemplo del derecho ejercido por las mujeres deshonradas para exigir el matrimonio al hombre que las deshonró, aunque sin amor, logro cumplido en esta obra, pues Leoncio se siente acorralado y acaba aceptándolo.[257]

En su momento, críticos y público parecieron concordar en no gustarles la pieza, a pesar de, según el redactor de *Gaceta de Madrid*, «la versificación, la misma y prodigiosa cosecha de chistes… todas esas condiciones en fin que tan alto lugar le han hecho entre nuestros autores contemporáneos».[258] Parece que la razón de esa falta de agrado se encontraba en lo recargado de los personajes, sobre todo el de la protagonista, como dijo el redactor de *El Correo Nacional* o Bermúdez de Castro, según se verá más adelante. Sin embargo, el trazado de la historia y la complejidad de la intriga fueron alabados por el crítico de *El Iris*, para quien lo peor había sido el desenlace.[259]

Por supuesto, también hubo articulistas, como el anónimo de la *Gaceta de los Tribunales*, de quienes no cabe saber si habían asistido a alguna de las representaciones o habían leído la obra, pues este en concreto le dedicó apenas unas frases con los comodines con que habitualmente se denigraba el teatro bretoniano:

> «… no podemos, con harto sentimiento nuestro, hacerla partícipe de las alabanzas que nos ha arrancado la primera [pieza de la función]. Conceptuamos que la funesta facilidad del autor perjudica de una manera notable el mérito de sus producciones. La precipitación en elegir el argumento, el descuido de usar del lenguaje de la buena sociedad han de oscurecer necesariamente las buenas partes que sin eso brillarían en las obras de Bretón, haciendo por el contrario aparecer en ellas ciertas escenas y palabras malsonantes que ofenden el pudor de las personas más despreocupadas».[260]

---

[256]   MURO, Miguel Ángel, «Introducción…», *op. cit.*, p. 12.

[257]   MIRET, Pau, *Las ideas teatrales…*, *op. cit.*, p. 306.

[258]   [NAVARRETE, Ramón de], «Teatros…», *op. cit.*, p. 3.

[259]   [REDACCIÓN], «Teatros», *El Correo Nacional*, 1161 (30 de marzo 1841), p. 4; *LÚCULO*, «*Cuentas atrasadas*, comedia nueva de don Manuel Bretón de los Herreros», *El Iris*, 6 (18 de marzo 1841), p. 102. [102-103].

[260]   [REDACCIÓN], «Folletín. Revista hebdomadaria», *Gaceta de los Tribunales o Causas y Hechos Célebres del Reino y Extranjeros*, 9 (17 de marzo 1841), p. 3 [69-71].

Quizás a estas palabras aludía el redactor de *El Correo Nacional* cuando habló de «algunas gracias que disuenan», que renunció a anotar con la excusa de no repetir lo dicho en otros periódicos. También el de *Gaceta de Madrid* aseguró haber encontrado, aunque sin concretar dónde o de qué manera, «alguna debilidad e incorrección en la intriga, algún descuido a las veces en la frase». Navarrete habría de repetir ideas ya impresas y no añadía nada nuevo, sino opiniones sin ejemplos: en *Cuentas atrasadas* se reproducían los defectos y buenas cualidades del autor. Pero no fue él de los que arreciara en los ataques a Bretón, como dijo el marqués de Molins, aunque tampoco podía referirse, según acaba de verse, ni a Bermúdez de Castro, ni al redactor de *El Correo Nacional*, quien habló de la falta de éxito con reticencias y litotes: «no podemos menos de decir que no correspondió a esa idea ventajosa que el público se forma cuando es llamado para asistir a una producción del señor Bretón de los Herreros»... quizás sí, solamente, al redactor de la *Gaceta de los Tribunales*.[261]

También en esta ocasión hubo medios que desecharon la idea de reseñar la pieza, como *El Entreacto* o *El Corresponsal*, y atendieron, en cambio, a otros espectáculos.

Circunstancias del estreno: Jerónima Llorente duda sobre su beneficio

No había pasado un mes del estreno anterior cuando le llegó el turno a la siguiente pieza de Bretón de los Herreros, esta vez para el beneficio de Jerónima Llorente. A diferencia de otras ocasiones, se eligió un sábado, día de mayor afluencia de gentes por la cercanía de la fiesta dominical, pero también un indicio de que no se estaba tan seguro de un triunfo que concatenara muchos días de llenos, y quería aprovecharse la curiosidad ante la nueva producción sumada al domingo. Sería el 6 de marzo de 1841. En la *Gaceta de Madrid* se anunció durante varios días como función extraordinaria, iniciada con una sinfonía a completa orquesta. Para evitar las posibles interpretaciones del título, se advertía de que las cuentas no aludían a negocios de administración pública, ni a que el autor ni la beneficiada se propusieran ajustar cuentas a nadie. Pero, además, se publicó algo realmente insólito, porque la propia actriz se atrevió a redactar otro aviso, con el cual sin duda buscaba ganarse la indulgencia de los asistentes, incluso aunque la obra no les gustase:

[261]　Lúculo, «*Cuentas atrasadas...*», *op. cit.*, p. 103; Molins, marqués de, *Bretón de los Herreros, op. cit.*, p. 287; [Redacción], «Teatros...», *op. cit.*, p. 4; [Navarrete, Ramón de], «Teatros...», *op. cit.*, p. 3; [Redacción], «Folletín. Revista hebdomadaria...», *op. cit.*, p. 70.

Jerónima Llorente, por Antonio Gómez.
Litografía para *El Entreacto*. Biblioteca Nacional de España.

«La beneficiada, cuyo agradecimiento a los favores que el público la dispensa no reconoce límites, deseaba ofrecerle en el día de su beneficio una comedia nueva y española, en la cual dominase el papel que la correspondiese; no con la esperanza de brillar en él, sino con el afán de mostrar todo el celo que la anima en obsequio de los espectadores, y en el cultivo de un arte que profesa con entusiasmo. Quería, en fin, que pudieran decir los que la honrasen con su asistencia, y cualquiera que fuese el resultado de sus esfuerzos: "La Llorente no ha podido hacer más para agradarnos". El autor, por su parte, se ha complacido en secundar los loables deseos de una actriz tan laboriosa creando expresamente para ella un carácter tan original y tan interesante como le ha sido posible, y procurando que la fábula en que ese carácter se desarrolla no carezca tampoco de interés y novedad, así en los incidentes como en el conjunto».[262]

¿Era aquel un buen reclamo? Sabiendo los papeles de característica en que se había especializado Llorente, el público no podía sino esperar una comedia o un sainete, si es que había de ocupar un lugar relevante, y si era su personaje aquel en torno al cual iba a girar la trama. En cualquier caso, detrás de las inten-

---

[262] [REDACCIÓN], «Diversiones públicas. Teatro del Príncipe», *Diario de Avisos de Madrid*, 2171 (6 de marzo 1841), p. 4.

ciones de la actriz y detrás del autor, que quizás se amparaba en ella, se traslucen los temores de ambos ante una recepción similar a la obtenida por *Dios los cría y ellos se juntan*. El resto de la función pretendía situarse a la altura necesaria: un terceto bailable, sacada su música de la opera *La Ceneréntola*, el sainete *Herir por los mismos filos*, las manchegas a ocho, con una música nueva, compuesta por Manuel Martínez.

Competía con el estreno la representación, en el teatro de la Cruz, de la ópera *Norma*, una de las más aplaudidas desde su primer montaje en la capital española hacía más de diez años, y con el acicate de que intervenía en la función una nueva tiple, Leonilda Franceschini de Rossi. Cierto que el público había tenido numerosas ocasiones de oír aquella ópera, pero siempre había gustado mucho y con una voz nueva era un espectáculo seguro. Menos interesante resultaría asistir el lunes, después de haber podido comprobar el sábado que las facultades de la cantante no quedaban a la altura de lo requerido por su papel, ni a la de las cantantes que lo habían ejecutado antes en Madrid, como Giulia Grisi, María Manuela Oreiro de Lema (mujer de Ventura de la Vega) o Cristina Villó, así que la representación había gustado medianamente, según el redactor de *El Correo Nacional*, y una parte del público había mostrado su desagrado a la recién contratada tiple de modo ostentoso, según el de la *Gaceta de los Tribunales*.[263]

El domingo se repetiría la obra de Bretón en la sesión nocturna, pues para por la tarde se programó la más popular *Los polvos de la madre Celestina*, con la que la empresa del teatro del Príncipe intentaría contrarrestar la función extraordinaria del teatro de la Cruz, iniciada por la sinfonía de la ópera *La Gazza ladra*, seguida por una serie de cavatinas de distintas óperas y la sinfonía de la ópera *Semiramide*, lo que significaba ofrecer la música y los cantables más del gusto del público y mejor desempeñados por las partes con las que se contaba aquella temporada, a saber, Antúnez, Malamala, Serrano y Barba. A las siete y media de la tarde, más o menos a la misma hora que empezaría el primer acto de *Cuentas atrasadas*, en el teatro de la Cruz volvía a cantarse otra de las óperas más queridas del público, *Lucia di Lammermoor*. Además, en el Circo Olímpico a la misma hora empezaba un espectáculo de acrobacias y domas que solía concitar mucha atención. Otras distracciones se encontraban en el Diorama, el Teatro Pintoresco Mecánico o en la Galería Tipográfica.

La pieza de Bretón volvió a ejecutarse solo el lunes 8 de marzo, mientras en el teatro de la Cruz se cantaba una vez más la famosa ópera de Bellini del sábado anterior y en el Liceo daba un concierto de piano Rosario de los Hierros, muy aplaudida, aunque contó con escasa concurrencia.

---

[263] [REDACCIÓN], «Teatros…», *op. cit.*, p. 4; *LÚCULO*, «*Cuentas atrasadas…*», *op. cit.*, p. 102; [REDACCIÓN], «Folletín. Revista hebdomadaria…», *op. cit.*, p. 70.

La empresa del Príncipe se adelantó a anunciar que había dejado de representarse la comedia del duque de Rivas *Solaces de un prisionero*, estrenada el 2 de marzo, para celebrar el beneficio de Llorente, pero que, una vez efectuado, volvía a ponerse la pieza de Ángel Saavedra a instancias de gran número de personas, como si no quisiera reconocerse el fracaso de Bretón. El martes 9, por tanto, *Cuentas atrasadas* cedió nuevo turno a la pieza del autor de *Don Álvaro*, mientras en el teatro de la Cruz se intentaba también concitar la atención de nuevo con *Lucía di Lamermoor*.

La obra de Ángel Saavedra, según indicación de su autor, se ajustaba al modelo del teatro clásico español, llamado en la época teatro antiguo español. Se ejecutó los días 9 y 10 de marzo, y por tanto un total de cinco veces hasta que se repitiera en verano y en 1843. El 17 se celebró el beneficio de Florencio Romea con la traducción de Isidoro Gil *Lázaro o el pastor de Florencia*, escrita en francés por Bouchardy. Con ella concluyó aquella temporada.

El texto

No parece haberse conservado manuscrito alguno de esta obra, ni en los archivos teatrales, ni en la Biblioteca Nacional, ni entre los del sobrino del autor. La primera edición se confió a la imprenta de Yenes en el mismo año del estreno y por ella se cita. Luego se recogería tanto en la recopilación de 1850 como en la posterior de 1883, pero no en la selección impresa en París en 1853.[264]

Según su costumbre, Salvador Bermúdez de Castro comentó la pieza empezando por su asunto, que resumió para ajustarse a los límites de *El Iris*: «Una hija de un dómine de pueblo, llamada Sebastiana Querol, pedante y rara, pero sensible y constante, viene a Madrid a buscar a un oficial que hace diez y siete años la sedujo abandonándola luego con una niña fruto de sus ilícitos amores». Por su parte, el redactor de *El Correo Nacional* señaló que todos los argumentos de Bretón se parecían en cierta medida: «tienen un mismo fondo de filosofía, un pensamiento igual, y cierta cosa amanerada, si nos es permitida esta expresión, por lo cual no podemos ver el uno sin recordar el de todas sus comedias, y los recursos dramáticos de que echa mano para conducirlas a su fin y desenlace». El marqués de Molins, en concreto, encontraba semejanza entre distintas escenas de esta nueva comedia y otras anteriores de nuestro riojano, entre las que citaba *Marcela* y *Un novio para la niña*, porque en estas había pretendientes de distinta condición social, cada uno con sus respectivas características y ostentosos defectos.[265]

---

[264] BRETÓN DE LOS HERREROS, Manuel, *Cuentas atrasadas*, Madrid, Yenes, 1841; ÍDEM, *Cuentas atrasadas*, en *Obras...*, *op. cit.*, 1850, tomo III, pp. 197-225; ÍDEM, *Cuentas atrasadas*, en *Obras...*, *op. cit.*, 1883, tomo II, pp. 495-524.

[265] MOLINS, marqués de, *Bretón de los Herreros...*, *op. cit.*, p. 286.

Pero la obra no desarrolla un único argumento, sino dos vinculados entre sí, a saber, el de la cincuentona Sebastiana que llega a Madrid al leer en la prensa que alguien con el nombre de su infiel amante se encuentra allí con su guarnición, y el del posible casamiento de Casimira, la hija de una marquesa, pretendida, precisamente, tanto por aquel amante infiel, como por su propio tío, con ninguno de los cuales se casará la joven, para disgusto suyo.

El primer tema ofrecía cierto paralelismo con la historia de la Dorotea de *Don Quijote,* pues en este caso una mujer busca a quien se llevó su honra bajo una palabra de casamiento incumplida, con el añadido de haberla dejado madre de una niña. No obstante, el tratamiento dado al asunto convierte en paródica la pieza si se compara con la situación cervantina, pues la mujer ha pasado de los cincuenta años y rayaba los treinta y cinco en el momento de ser seducida por un hombre de escasos veinte, quien, si no había sabido cumplir su palabra en aquel tiempo, menos dispuesto está a contraer las nupcias con quien tiene aspecto de abuela, aunque finalmente se decida a realizarlo para poder vivir con la hija de ambos.

Manuel Bretón de los Herreros compuso su comedia a partir de un juego de contrastes entre personajes emparejados en algún sentido, cuatro femeninos y dos masculinos. Sebastiana y la marquesa de algún modo constituyen una de esas parejas y, al mismo tiempo, contrastan entre sí, por cuanto ambas son mujeres de edad y madres, si bien la primera resulta ridícula hasta el desenlace, mientras que la marquesa se comporta con dignidad y prudencia. También emparejan por edad y contrastan en educación, gustos e intereses Eulalia, hija de Sebastiana, y Casimira, hija adoptiva de la marquesa, hasta el punto de detestarse mutuamente por sus diferencias: Casimira no piensa sino en casarse, sin importarle con quién; Eulalia no se preocupa en absoluto por su futuro matrimonial y, en cambio, ansía un padre. Por su parte, el coronel primo de la marquesa, capaz de probar cómo desciende de Íñigo Arista aunque carece de más medios de fortuna que de los obtenidos con su empleo en el ejército, contrasta con Leoncio, que se ha enriquecido en las Indias. Ambos pretenden la mano de Casimira y ambos renuncian a ella: el coronel porque, una vez enterado de que la niña fue sacada de la inclusa, prefiere adoptarla él mismo como hija que tenerla de consorte; el otro porque se ve obligado a casarse con aquella a quien se lo había prometido diecisiete años atrás.

Otro tipo de emparejamientos por semejanza de condiciones sociales podría establecerse entre la marquesa y su primo, que también podrían contraer matrimonio, y el indiano con cualquiera de las otras tres mujeres: con las dos jóvenes, en efecto, lo intenta, hasta reconocer a Eulalia como hija, lo que impide la relación.

Bermúdez de Castro comparó esta comedia con *Dios los cría y ellos se juntan* para resaltar que, frente a la pobreza de argumento de aquella, la última estrenada contaba con mayor movimiento y vida en sus escenas, con mayor intriga y enredo, con incidentes que complicaban la situación sin que cupiera adivinar el desenlace y sin que la confusión embarazara ni fatigara a los espectadores, cosa meritoria, dado que el interés se confiaba a un único personaje. El redactor parecía con ganas de elogiar al autor, pues afirmó que aquellos aspectos suponían un adelanto, dado que las obras del riojano no habían brillado nunca ni por la riqueza de sus argumentos, ni por la animación de su artificio, sino por los diálogos y la versificación.[266]

Aparte de estos aspectos, deben resaltarse otras técnicas básicas sobre las que se sostiene la pieza, recursos combinados entre sí y además empleados en varias direcciones. Algunos de ellos venía explotándolos Bretón de los Herreros en los últimos años y procedían seguramente de su conocimiento del teatro clásico, como el del *quid pro quo*, o el las casualidades, de modo que tanto asunto como tratamiento parecían adaptaciones de los empleados por los autores del Siglo de Oro, particularmente Lope de Vega, o como parodias de situaciones propias de los dramas románticos. Sin embargo, la hilaridad resultante de las confusiones, errores y altercados a que da lugar la conjunción de estos recursos dista bastante de las intrigas áureas y se contrapone a las emociones que pretenden generarse en los dramas de la que entonces se llamaba escuela moderna. Así, resulta que Sebastiana, tras leer en los periódicos que el coronel Pedro Corvina está en Madrid, emprende el viaje a la capital con su hija, que pasa por sobrina suya, dado el estado de soltería de aquella.

Por casualidad, una vez en la corte, le parece verle salir de una casa. Resuelta a llevar a cabo su propósito de ajustarle las cuentas por dejarla abandonada con la niña sin haber llegado a contraer matrimonio, en lugar de abordarle directamente se mete en aquella casa de la que le ha visto salir, y allí encuentra de señora a una marquesa a cuya hija adoptiva, precisamente, había amamantado muchos años antes. Tras sincerarse con tal marquesa y darle por nombre del pérfido amante el mismo que ostenta un primo de aquella que, en efecto, acaba de marcharse después de pedir la mano de Casimira, la marquesa le da las señas donde aquel vive y además le desahucia como pretendiente de su hija. El error se deshace fuera de escena, en un supuesto encuentro entre el coronel y Sebastiana, y esta reconoce haberse confundido: el coronel responde al mismo nombre que el seductor de Sebastiana, pero no a la misma identidad.

No obstante, la cita que Casimira ha dado a su otro pretendiente, Leoncio Monturjo, da como resultado el que Sebastiana reconoce en él cabalmente al hombre que busca. Así pues, no es el primo de la marquesa el amador infiel, sino el otro pretendiente de la hija de la marquesa: para sus fechorías amorosas usaba un nombre ficticio, aunque sin la intención de perjudicar a un posible poseedor.

---

[266] [NAVARRETE, Ramón de], «Teatros…», *op. cit.*, p. 3; LÚCULO, «*Cuentas atrasadas…*», *op. cit.*, pp. 102-103.

Otro recurso en clave humorística se observa cuando aparece Sebastiana como un fantasma, a oscuras en medio de una cita amorosa en el jardín, como en muchas citas amorosas que también se habían visto en dramas más o menos recientes, del tipo de *Amor venga sus agravios, Doña Mencía* o incluso en la reciente comedia *El cuarto de hora*. En la pieza más bien guarda relación paródica con las apariciones de muertos o espíritus de ciertas obras del Romanticismo, entre las cuales no era la menos afectada *Alfredo*. Por añadidura, sobrevuela por la escena otro motivo repetido en los dramas de la escuela romántica, el conato de incesto, como grita la propia Sebastiana en esa aparición, creyendo que es su hija (nuevo *quid pro quo*) con quien Leoncio se encuentra.

Un recurso más que enmaraña la acción y suscita nuevas situaciones se refiere a la dosificación de los datos: no todos los personajes disponen de la totalidad de los que van ofreciéndose al espectador y también a este se le hurtan algunos con ánimo de intrigarle. Así, hasta la cuarta escena del acto cuarto no se sabe con certeza qué detiene a la marquesa para dar la mano de su hija, ni qué la avergüenza tanto.

Este trazado de la historia no convenció a Ramón de Navarrete, según se mencionó anteriormente, aunque no explicó por qué, a diferencia de Bermúdez de Castro, para quien lo peor había sido el desenlace: «Después de tantas complicaciones permanecía Casimira en un estado equívoco, adoptada por don Pedro, quien queda a su vez al lado de la marquesa o para consolarla o para aplaudir en compañía a don Leoncio y a Sebastiana».[267] En cambio, los esfuerzos de Sebastiana para encontrar a su seductor, las equivocaciones nacidas de la usurpación del nombre Pedro Corvina, las complicaciones provenientes de las anagnórisis, según él entretenían agradablemente la atención de los espectadores, y casi todas las escenas en que el enredo se desarrollaba, les sacaban la sonrisa, porque todos los personajes se ponían en ridículo, ya por su carácter, ya por la situación en que se encontraban. Además, dio por buenas algunas escenas, en concreto la novena del segundo acto, la séptima entre D. Pedro y la marquesa, la del coronel con Leoncio, y la de Sebastiana con Eulalia por su interés y su viveza cómica, que emocionaban y hacían reír a los oyentes a la vez.

La primera de las mencionadas, de relativa extensión, se desarrolla entre las cuatro mujeres de la obra, en una suerte de diálogos cruzados de gran modernidad, con cada uno de los cuatro personajes viviendo emociones y sentimientos diversos, ninguno de los cuales concierta con los de los otros. Casimira está impaciente por ennoviarse con su tío, Pedro Corvina, que sale de la casa de aquella después de haber sufrido que la marquesa le juzgue inapropiado para su hija, por creerle antiguo amante de Sebastiana. Lo que no sabe la niña es que Sebastiana espera de la conversación entre el coronel y la marquesa el reconoci-

---

[267] *LÚCULO, «Cuentas atrasadas…», op. cit.,* p. 103.

miento de su culpa por parte de aquel y una resolución positiva para sí misma.
Así, la marquesa contesta alternativamente y con cierta confusión a la joven y a
la protagonista, mientras que Eulalia no entiende nada del diálogo, aunque parece alegrarse ante la posibilidad de estar refiriéndose al padre que tanto ansía
encontrar, pero solo asiste a los ayes de su madre (a la que cree tía), dolida por
la conducta de Corvina, y al enfado de Casimira por no verse ya comprometida
en matrimonio. Lo más ingenioso del caso es que varias de las respuestas de la
marquesa dirigidas a un personaje valen para otro, y en alguna de ellas acierta
sin saberlo, creyendo contestar a otra cosa. Véase solo un pequeño fragmento:

> SEBASTIANA: Cerca estará todavía.
>   Yo le sigo…
> MARQUESA: Iba corriendo.
>   Es inútil.
> CASIMIRA: No comprendo…
> EULALIA: ¿Qué es esto, Virgen María?
> MARQUESA: (*A Casimira*) Ya no te casas con él.
> CASIMIRA: ¿Con quién?
> SEBASTIANA: (*A la marquesa*) ¿Y viene contrito?
>   ¿Reconoce su delito?
> EULALIA: (*A Sebastiana*) ¿Es por ventura…?
> MARQUESA: (*A Sebastiana*)   No.
> SEBASTIANA: ¡Infiel![268]

En cuanto a la escena entre la marquesa y su primo, escrita en romance,
la reticencia de la dama a declarar abiertamente la acusación que pesa contra
el coronel, motivo para no aceptarle por yerno, provoca toda una serie de protestas por parte de él cargadas de toda la razón, y sumamente graciosas. Últimamente, la exposición formal de lo creído por la marquesa desencadena otra
suerte de suposiciones y réplicas por parte del militar, que finalmente se marcha
airado, sin querer carearse con Sebastiana, pese a que justamente con esto se
desharía el error. Véanse solamente algunos fragmentos:

> MARQUESA: …y le dirá la conciencia
>   lo que yo decir no quiero.
> DON PEDRO: […] En cien consejos de guerra
>   he sido fiscal, […] pero ignoro
>   en qué artículo secreto
>   suprime la acusación
>   para instruir el proceso.
>   […] yo no tengo
>   en mi hoja de servicios

---

[268] BRETÓN DE LOS HERREROS, Manuel, *Cuentas atrasadas…*, *op. cit.*, 1841, p. 36.

> ninguna nota [...]
> si hay un viviente que pueda
> tildarme, levante el dedo. [...]
> MARQUESA: Bien puede un guerrero
> ser muy valiente y
> [...] libertino.
> DON PEDRO: No diré
> que algún pecadillo viejo...
> allá en tiempo de Godoy,
> cuando salí del colegio [...]
> Un cuartel no es un convento. [...]
> Amores de tres al cuarto
> y pecados subalternos.
> MARQUESA: ¡Qué descaro, qué insolencia! [...]
> un pasatiempo
> la seducción.
> DON PEDRO: [...] Yo no he seducido a nadie.[269]

En la tercera de las escenas que más gustó a Bermúdez de Castro, Leoncio se cree padre de Casimira y esta se marcha enfurruñada para dejarle hablar con Pedro Corvina, porque «cuando flautas, pitos, / y cuando pitos, flau... / ¿Marido querías? / Pues toma papá».[270] La razón de que el coronel quisiera habérselas con Leoncio era para hacerle saber el conflicto creado con su prima por causa del nombre usurpado, pero además para reñir por el amor de Casimira, sin saber aún que, si había visto abrazarse a ambos, era por creerse ambos padre e hija. La gracia de la escena se funda sobre todo en los distintos sentidos que adquieren palabras y alusiones, y en la continua ruptura de expectativas en las réplicas:

> DON PEDRO: Me llamo [...]
> Pedro Corvina. [...]
> Confiese usted sin empacho...
> DON LEONCIO: Sí, señor. Del mismo nombre
> me serví yo de muchacho. [...]
> Sin pensar que hombre nacido
> se llamase de ese modo.
> DON PEDRO: [...] Ya era mi linaje antiguo
> antes que usted lo inventase.
> DON LEONCIO: [...] Monturjo hará penitencia
> de las culpas de Corvina.
> DON PEDRO: ¿Mis culpas?[271]

---

269   Ibídem, pp. 31-33.
270   Ibídem, p. 71.
271   Ibídem, p. 73.

Por último, la escena referida entre Sebastiana y su hija Eulalia tiene por objeto, por parte de la primera, confiar a la segunda lo ocurrido con el Pedro de Corvina auténtico, a quien no había podido reconocer como la persona por quien ambas habían hecho el viaje a Madrid. Le recomienda a la niña que se quede donde está, mientras ella va a intentar enterarse de algo.

Por lo que concierne a los personajes, ya se ha mencionado que, para el redactor de *El Correo Nacional*, donde escribían amigos de Bretón, estaban «en extremo recargados»,[272] especialmente el de Sebastiana, a quien, según Bermúdez de Castro, se la había llenado en los primeros actos de cualidades ridículas, particularmente por su vejez, su pésima educación y su pedantería. Caracterizarla de este modo perjudicaba el asentimiento del público ante un desenlace que en otras circunstancias habría seguramente gustado, al lograr casarse con el padre de su hija:

> «...la hija del dómine aparece como madre solícita y generosa, y esta sublimidad del amor materno eclipsa [sic] un velo sobre la desagradable tinta de pedantería y mala educación que forma el fondo de su carácter habitual. Si este contraste estuviese más marcado, si ambos toques tuviesen la misma fuerza, ciertamente bastaba para llenar el argumento el carácter de Sebastiana, pero no es así: si en el desenlace aparece por un momento sublime la mujer abandonada, en cambio la vieja charladora y extravagante ha estado constantemente en una posición sobrado ridícula, que perjudica el interés general y la intención del autor. [...] A pesar de la nobleza de carácter que manifiesta esta mujer, repugna su casamiento con un hombre sensato, porque el autor la ha recargado en los primeros actos de cualidades ridículas, a placer, con profusión: si hubiese sido más económico en ciertos toques, sería más natural la generosidad de Monturjo. ¿Por qué hacerla tan vieja, vieja, tan mal educada y tan inverosímilmente pedante?».[273]

Desde la perspectiva actual, debe reconocerse lo difícil de lograr una gran comedia con una característica en el papel principal. Bretón, sin duda sabiéndolo, repartió casi por igual los distintos papeles, aun cuando parece que debió de ser la actriz la que resaltara entre los demás, pues Bermúdez de Castro pensaba que era «un solo personaje, quien con su incesante actividad, con su afán sin término, ocupa y enreda la situación a cada instante, haciendo y deshaciendo alternativamente los nudos de la intriga». Sin embargo, la lectura de la obra demuestra que Bretón había creado con Sebastiana un carácter paralelo al del coronel don Pedro: si en este, su vida militar y su cumplimiento de la ordenanza le llevaban a usar en todas las circunstancias el lenguaje de la milicia, Sebastiana, como hija y ayudante de un maestro de letras, hablaba con numerosos cultismos e incorporaba a sus diálogos frases enteras en latín.

---

[272] [REDACCIÓN], «Teatros...», *op. cit.*, p. 4.
[273] *LÚCULO, «Cuentas atrasadas...», op. cit.*, p. 103.

Sin embargo, en lo concerniente a este personaje, según el redactor de *El Iris* estaba a medio pergeñar.

Montaje: un esfuerzo mal recompensado

En la disposición escénica, Bretón de los Herreros nada innovó respecto a piezas anteriores. Nuevamente pidió, como en *La ponchada, El cuarto de hora* y *Dios los cría y ellos se juntan,* una sala con puerta en el foro y dos laterales para el primero, segundo y cuarto actos, aunque amueblada con riqueza por corresponder a la casa de una aristócrata, y un jardín con tapia y verja en el foro para el tercer acto, con bancos rodeados de árboles a la izquierda y un farol en el proscenio. Para tales decorados había trastos de sobra en los almacenes teatrales, como ocho faroles de hojalata, uno de ellos grande, tasados conjuntamente en cincuenta reales en 1848; se disponía de una «verja diaria», compuesta de nueve trozos, valorada en trescientos cincuenta reales; los cinco trozos de verja, antiguos, valorados en cien reales, otros veinticinco de varias clases, tres rejas más, por cuarenta reales, un trasto de salón nuevo pintado con hueco en medio, que sin duda podía servir para simular una puerta, y que se justipreció en ciento treinta y dos reales; diecinueve árboles cuyo valor, junto con unas palmeras, se estimó en cuatrocientos setenta y cinco reales, cuatro árboles en ciento veinte. Se disponía también de siete trastos de tapia, realizados por el estreno de *Amor venga sus agravios,* pieza de Espronceda y Moreno solo ejecutada tres noches y nunca repuesta, aunque también podían usarse otros cinco trozos, uno de ellos con puerta, valorados en doscientos reales; y asimismo se contaba con ocho bastidores de jardín con sus envarillados, tasados en cuatrocientos cuarenta reales. Se disponía, igualmente, de las seis puertas del salón de *Adolfo,* pertenecientes a la casa del conde de Rímini, que podrían usarse porque aquel drama no había vuelto a ponerse desde su estreno, no muy aplaudido, en 1838; dos bancos de jardín, tasados en sesenta reales, otro banco de jardín de diez reales; podían añadirse cuatro faroles con sus palomillas, conservados de las funciones de *Muérete... ¡y verás!,* si bien no cabe pensar que los destinaran a este otro uso, dado que la comedia bretoniana, aunque no había vuelto a programarse desde 1838 después de representarse veinticuatro veces, pudiera montarse de nuevo. Para adornar la sala, podía echarse mano de chimeneas, lámparas y mueblaje variado.[274]

Pero poco comentaron los reseñistas acerca de la puesta en escena, aparte de reconocer el redactor de *El Correo Nacional* el esfuerzo de Jerónima Llorente por satisfacer al público, y secundariamente el de los demás actores.[275] María

---

[274] AVM, SS, E 4-215-28, «Teatro del Príncipe. Inventario...», *op. cit.,* f.º 43v., 51v., 52r. y v., 54r., 69r., 77v., 56v., 60, 61.

[275] [REDACCIÓN], «Teatros...», *op. cit.,* p. 4.

Córdoba, en su papel de marquesa, no parece haber llamado la atención de ningún periodista, como tampoco Teodora Lamadrid en el de Eulalia, ni Julián Romea como Leoncio, ni menos aún Juan Fernández en el de Juan.

Ilustración. Jesús Evaristo Casariego. Salida del teatro del Príncipe.

Bermúdez de Castro consideraba que el carácter ejecutado por Matilde Díez, el de Casimira, era sumamente difícil y la actriz lo había hecho de modo inimitable, con gracia y naturalidad. No obstante, dejó constancia de que Guzmán, que hacía de Corvina, no sabía su papel y había recurrido a su mucha experiencia para salir del apuro. Y eso a pesar de que un personaje aristócrata estaba por encima de lo esperable en un gracioso, y debería haber estimado en su justo valor que Bretón lo concibiera pensando en él y Julián Romea se lo repartiera, consciente de sus gustos. Por su parte, Ramón de Navarrete apenas dedicó unas líneas a la comedia, sin mencionar siquiera su título. No cabe, pues, imaginar gran cosa sobre cómo se desempeñó.[276]

Recepción, reacciones y porvenir en los escenarios

La comedia no gustó, a pesar de los aciertos mencionados. El marqués de Molins también recordaba que el público no la recibió bien, como esperaba Bretón, motivo por el cual no se representó más que tres noches. Según Salvador Bermúdez de Castro, al concluir la ejecución había ocurrido lo siguiente:

---

[276] *LÚCULO, «Cuentas atrasadas...», op. cit.,* p. 102; [NAVARRETE, Ramón de], «Teatros...», *op. cit.,* p. 3.

«…intentaron silbar algunos descontentos, pero el público ilustrado que había permanecido indiferente hasta entonces y alguna vez había reído de corazón con las sales de que está sembrada la comedia, protestó contra los injustos y parciales silbidos con generales y sentidos aplausos. […] *Las cuentas atrasadas* gustaron medianamente: al señalar sus defectos no hacemos el papel de críticos porque expresamos solo lo que hace mucho tiempo dice el público; juzgamos ser sus intérpretes al notar las faltas de que adolecen las producciones del señor Bretón, deseamos sinceramente que restaure su decaída popularidad, porque, a pesar de sus lunares, le creemos siempre el primer poeta cómico de la moderna escena española».[277]

La pieza tardaría en representarse de nuevo en Madrid: hasta 1846 no volvió a aparecer en la cartelera madrileña, en concreto, el 13 y el 26 de abril en el teatro Buenavista, considerado subalterno.

Tampoco en provincias se ejecutó tanto como otras del autor, aunque hay noticias de gustar mucho y por eso haberse puesto en Palma de Mallorca el 12 junio del mismo año e incluso en Argentina en 1845, como el resto de los trabajos de nuestro autor, incluso los peor recibidos. Todavía se la recordaba en el decenio siguiente, y Josefa Palma la interpretó con Juan Alba en el Circo Barcelonés el 10 de noviembre de 1856 y el 19 de enero de 1857; la sociedad La Tertulia el 4 de mayo de 1858 o el 20 de abril de 1862, como también la sociedad del Círculo Tertuliano el 7 de mayo del mismo año de 1862.[278]

Con los años se la valoraría: Emilio Mario la eligió para ejecutarla en el teatro de la Comedia entre los días 23 y 29 de septiembre de 1876 y todavía en 1885 volvió al teatro Lara para iniciar con ella la temporada teatral de invierno, el 7 de septiembre, aunque en este caso, era un nieto de Julián Romea con su compañía teatral quien iba a montarla, y esto a pesar de que había quienes la estimaban pasada de moda, y como «requiere que los actores sepan hacer caracteres, mérito intrínseco de todas las obras del mismo autor, y como esto tampoco está de moda, la representación resultó fría», según el reseñista de *Revista Contemporánea*.[279]

---

[277]   LÚCULO, «*Cuentas atrasadas…*», *op. cit.*, p. 103.

[278]   CERVELLÓ ESPAÑOL, Carlos, *La vida escénica…*, *op. cit.*, 176, 190, 280, 359, 542.

[279]   [EMPRESA DE TEATROS], «Espectáculos», *Eco del Comercio*, 1112 (13 de abril 1846), p. 4; [EMPRESA DE TEATROS], «Diversiones públicas», *Diario de Avisos de Madrid*, 905 (26 de abril 1846), p. 4; [EMPRESA DE TEATROS], «Teatro», *Diario Constitucional de Palma*, 73 (12 de junio 1846), p. 4; PELLETTIERI, Osvaldo, *Historia del teatro argentino…*, *op. cit.*, tomo I, p. 71; SANCHA FERNÁNDEZ, Eugénie, *El teatro de la Comedia*, *op. cit.*, p. 88; [EMPRESA DE TEATROS], «Teatro Lara», *La Correspondencia Imparcial*, 905 (6 de septiembre 1885), p. 3; RAMIRO, «La campaña teatral…», *Revista Contemporánea*, 59 (septiembre 1885), p. 111 [110-112].

Conclusiones

En este volumen se han expuesto cuestiones nunca tratadas anteriormente por los expertos en el riojano. En primer lugar, el contexto cultural y las condiciones en que se verificó cada uno de los estrenos bajo la dirección de Julián Romea, con el que restableció una relación de confianza y amistad, después de las reacciones negativas ante *La ponchada*: pese a haberse sentido nuestro comediógrafo traicionado por no haber querido asumir el actor, mancomunadamente con Bretón, la responsabilidad en la composición de aquella obra, y pese a haber enviado a la sociedad de actores constituida en sociedad *El cuarto de hora*, quizás por resquemor o porque cierto resentimiento le dificultaba entregar la obra como siempre, abiertamente.

Así, se ha visto la relación, en particular, con Julián Romea, con quien trabajó el riojano y a quien entregó sus obras, y la competencia ejercida por otros autores y por otras obras en la cartelera madrileña, y que han facilitado el comprender por qué algunas piezas se montaron en determinado momento y las consecuencias de tal circunstancia.

En segundo término, se han revisado las obras partiendo de los manuscritos autógrafos del autor o bien de los empleados por los apuntadores de los teatros, que arrojan variantes de los textos de interés en algunos casos.

Además, se han recuperado, hasta donde ha sido posible la reconstrucción, detalles sobre la interpretación de los actores y sobre los decorados y accesorios empleados en los montajes. También se ha especificado qué obras de estos años permanecieron en los repertorios teatrales.

Particularmente, llama la atención descubrir el modo en que Bretón escribió cada una de sus composiciones, bien conforme a lo que aplaudía el público, bien según los rasgos de los actores que, pensaba, podrían encarnar a los personajes. Así, el comediógrafo repitió en las obras de estos años, desde otra perspectiva o con ciertas variaciones, aquello que en sus piezas anteriores había merecido elogios.

En tercer lugar, se han revisado las reseñas y comentarios publicados en la prensa a propósito de los estrenos, y se han acopiado también muestras de la pervivencia de las obras en los escenarios. Algunos de los críticos se convirtieron en aquel tiempo en auténticos detractores del teatro bretoniano, sobre todo Salvador Bermúdez de Castro y Ramón de Navarrete. Otros periodistas, en cambio, supieron valorar en su justa medida las obras, con independencia de sus gustos personales, como Diego Coello de Portugal, entre otros anónimos. Por eso, solo se atina a comprender muchas opiniones en el contexto de la trayectoria y aspiraciones particulares de los periodistas, en el de las afirmaciones vertidas respecto a obras y casos anteriores, o en el de los medios en que aquellas aparecen publicadas, entre otras variables.

Resulta también de sumo interés el diálogo establecido entre nuestro comediógrafo y los actores y los empresarios, sumado al habido entre los actores y la prensa. La retroalimentación entre el autor, los críticos y los intérpretes se ha demostrado esencial en el estudio de este periodo. El respeto de Julián Romea y de Matilde Díez hacia nuestro comediógrafo les llevó a encarnar personajes que en el caso de otros autores hubieran dejado en manos de segundos galanes y damas: Bretón de los Herreros había concebido tales personajes pensando casi siempre en ellos, y el matrimonio los admitió incluso en aquellos casos en que no les valían para lucirse en el escenario, como ocurrió en *Dios los cría y ellos se juntan*. También Jerónima Llorente siguió siendo una musa para el riojano, y para desplegar sus dotes creó una protagonista con puntas de ridícula en *Cuentas atrasadas*.

Puede concluirse que la llegada de Espartero a Madrid en 1840 trajo sinsabores, perjuicios y molestias al escritor. Sin embargo, la necesidad de obtener ingresos para compensar las pérdidas por su cesantía como funcionario de la Biblioteca Nacional, le llevó a producir con rapidez más obras de las que quizás hubiera podido en otras circunstancias y a orientarlas, seguramente, en sentido diferente del procurado en otros casos, pues pareció evitar las alusiones políticas que tanto salpicaban las obras suyas escritas durante la primera guerra carlista.

Quizás los puntos débiles del teatro bretoniano se debían a la urgencia de estrenar, a escribir a destajo para mantener su posición, o quizás a que la habilidad proporcionada por el hábito de refundir y de traducir del francés a versos españoles le había minado la misma destreza para elaborar más los asuntos. También, desde luego, porque tenía en mente a los actores que podrían encarnar a sus personajes, y si procuraba una parquedad en los decorados que habían de agradecerle las empresas, tampoco parecía pretender poner en aprietos a los intérpretes a la hora de declamar sus versos, aunque solo fuera para evitar desaciertos en la interpretación, que orientaba con su asistencia a los ensayos. Por eso solía escribir obras que requirieran pocos personajes y que pudieran ser encarnados por primeras figuras.

Anexo
Notas sobre los principales actores participantes
en los estrenos de obras de Manuel Bretón de los Herreros
desde octubre de 1840 hasta abril de 1841 [1]

Córdoba, María: Contratada como parte de por medio para los dos teatros principales en 1834, permaneció en esta clase tres temporadas. En 1838 volvió a figurar en las listas, ahora como cuarta dama, y en 1840 como segunda característica. Se casó con el actor y apuntador Ignacio Hernández. En 1841-1842 y 1842-1843 seguiría en el Teatro del Príncipe, y como segunda dama entre 1845 y 1848. En los primeros tiempos, había participado en los estrenos de las obras bretonianas *Los hijos de Eduardo*, *La redacción de un periódico*, *¿Se sabe quién gobierna?*, y de acompañamiento en otros como *Flaquezas ministeriales*. En 1841 se encargó del papel de la marquesa en *Cuentas atrasadas*. En 1848 también tenía obligación de ejecutar las características que se le repartieran, con un sueldo de cuarenta y dos reales de vellón diarios, y sustituyó a Jerónima Llorente a la muerte de esta. En 1853 solicitó la jubilación, que se le concedió el 25 de enero de 1854, aunque con efecto retroactivo desde el 1 de septiembre de 1853, inicio del año cómico en esa época del siglo XIX.[2]

---

[1] Para evitar una cita reiterada en cada actor, se indica aquí que la base para la preparación de este anexo se encuentra en el capítulo dedicado a los actores en la monografía citada de Ballesteros Dorado, Ana Isabel, *Manuel Bretón de los Herreros: más de cien estrenos en Madrid*, Logroño, Instituto de Estudios Riojanos, 2012, tomo II, pp. 693-737 y, de modo secundario, en el libro de Soria Tomás, Guadalupe, *La formación actoral en España: La Real Escuela Superior de Arte Dramático (1831-1857)*, Madrid, Fundamentos, 2010. Se han añadido nuevos datos, localizados principalmente en el Archivo Histórico de la Parroquia madrileña de San Sebastián, en el Archivo de Villa de Madrid y en las hemerotecas de Andalucía y de la capital española.

[2] AVM [Archivo de Villa de Madrid] SS E [Sección Secretaría Expediente] 3-393-101, «Indiferente. Sobre transacción en el pleito seguido entre el excelentísimo Ayuntamiento y los actores jubilados de los teatros, 1841-1842»; AVM SS E 9-449-22, «Relación de los años que el que suscribe ha servido en clase de actor de los teatros de la Cruz y el Príncipe de esta villa, con expresión de las partes que en cada uno ha desempeñado formada en virtud de acuerdo del excelentísimo Ayuntamiento de 22 de junio de 1849, 1849»; AVM SC [Sección Corregimiento] E 2-228-83, «Mesa tercera. Teatros. Extracto del expediente sobre acuerdo del excelentísimo Ayuntamiento concediendo la jubilación en once reales ocho maravedíes a la actriz María Córdoba, 1853»; AVM SS E 4-104-56, «Jubilación de la actriz María Córdoba, 1853».

DÍEZ HERMIDA, Matilde (Madrid, 27-II-1818 / 15-I-1883, Madrid): Hija de un actor secundario llamado José y de María Josefa Benita Hermida, trabajó en Sevilla y en Cádiz y llamó la atención en el teatro de esta última ciudad en 1832 con su interpretación de *La huérfana de Bruselas*. A Bretón le parecía que su físico no la acompañaba para papeles como el de Anita en *No más muchachos*, donde debía interpretar varios caracteres distintos. Estrenó como Elisa *La primera lección de amor*, como la joven romántica Manuela *Me voy de Madrid* y fue Clara en *Otro diablo predicador*. Participó en el estreno de *¿Se sabe quién gobierna?* encarnando al personaje de la huérfana Paulina. Pasó al Teatro de Barcelona en la primavera de 1836, donde contrajo matrimonio por poderes con Julián Romea, y a su vuelta a Madrid encarnó a Isabel en el estreno de *Muérete... ¡y verás!*. Meses después, hizo de Sancha en *Don Fernando el Emplazado*. Para ella escribió expresamente Bretón la comedia *Ella es él* y para ella concibió el personaje de la protagonista, Camila. Encarnó otros papeles del comediógrafo en distintos estrenos. En la temporada de 1839 estuvo en el Teatro de Granada con su marido y con su cuñado, para volver la siguiente a Madrid, donde permaneció, salvo cortas temporadas, hasta 1846. Bretón de los Herreros parecía escribir para ella papeles que le satisficieran y en los que poder lucirse: fue la coqueta y seductora Carolina en *El cuarto de hora*, se prestó a hacer un mal papel de lugareña como Manuela en *Dios los cría y ellos se juntan*, y luego el de la jovencita Casimira en *Cuentas atrasadas*. También interpretó en 1840 el papel de la joven Casilda en *La ponchada*, además de otros en las temporadas siguientes. Después de transitar por distintas provincias con el actor Manuel Catalina, ya separada de su marido, llegó a Cuba en septiembre de 1853 y pasó a Méjico en mayo de 1855. Fue nombrada maestra de Declamación el 30 de septiembre de 1874, cargo que seguía ejerciendo al fallecer. Tuvo un único hijo, Alfredo, nacido el 29 de junio de 1838 y una hija, María del Consuelo Carmen Carlota Josefa, habida de sus relaciones con Manuel Catalina durante su gira por América. Esta hija se casó con su primo Álvaro José Ignacio Benigno Romea Varela, hijo de Florencio y Josefa [Varela], conocida como Palma, el 9 de junio de 1877.[3]

FABIANI FERNÁNDEZ DE LOS ROZOS, Luis (Barcelona, c. 1879 / 2-III-1847, Madrid): Hijo único de Camilo Fabiani y de Manuela Fernández de los Rozos, nieto del milanés Camilo Fabiani y de la cantante de tonadillas Manuela Fernández Montéis. El 22 de marzo de 1813 se casó en Madrid con Juana Manero Mare, joven de dieciocho años. Fueron hijos suyos la actriz Melitona María, nacida el 15 de septiembre del mismo año; el músico Camilo, que se casaría con Rosa Pascual Marco en 1838; María del Pilar Manuela, nacida el 12 de octubre de 1821; Polonia, nacida en 1824, y Luis. Trabajó en las compañías de Madrid durante cuarenta y seis años, la mayor parte de los cuales en clase de segundo actor de carácter anciano. En esta clase interpretó numerosos papeles de padres y tutores en estrenos de Bretón de los Herreros. Fue también protagonista de una obra escrita para un beneficio suyo: don Benigno en *El hombre pacífico*. En la tempo-

---

   [3] SEPÚLVEDA, Ricardo, *El corral de la Pacheca: (apuntes para la historia del teatro Español)*, Madrid, Librería Fernando Fe, 1888, pp. 305-306, 311, 624; Calvo, Luis, *Actores célebres del teatro del Príncipe o Español*, Madrid, Imprenta Municipal, 1920, pp. 107-118; AHPSSM [Archivo Histórico Parroquia de San Sebastián de Madrid], LC [Libro de Casamientos] LI, «Álvaro Romea – María Catalina», f.º 59r.

rada 1839-1840 interpretó el papel del criado Camarma en *La ponchada*. Formó parte de las sucesivas juntas de economía que se organizaron en los primeros años de Bretón en los teatros principales y murió de un cáncer de estómago.[4]

FERNÁNDEZ, Juan: Contratado como parte de por medio en la temporada 1840-1841, hizo el papel de criado, con su mismo nombre, en *Cuentas atrasadas*. Permaneció en la compañía de Julián Romea en los siguientes años.

GUZMÁN Y HERNÁNDEZ, Antonio Leocadio (Madrid, 9-XII-1786 / 3-I-1857, Madrid): Hijo de Miguel Guzmán y de Plácida Hernández, fue partidario de la naturalidad escénica. Llegó en 1815 a Madrid embargado de provincias como gracioso y primer característico para el Teatro del Príncipe, y allí trabajó hasta 1822, y mancomunadamente en este y en el de la Cruz las temporadas 1822-1823 y 1823-1824. Desde la temporada 1824-1825 hasta 1837 y luego desde 1840-1841 hasta 1848-1849 fue ajustado como primer actor cómico y director. Tanteó las tareas de empresario con otros compañeros en la temporada 1836-1837, aunque se le concedió la jubilación en 1837 con la pensión de un primer actor como premio a sus méritos y servicios. Volvió tres años después a los escenarios para seguir trabajando hasta su muerte, excepto la temporada 1853-1854, y desempeñó en ocasiones el cargo de autor o perteneció a las juntas de economía. Han quedado testimonios de los aplausos que constantemente recibió del público. Se casó con la bailarina María Vives, contratada por primera vez en las compañías de Madrid el mismo año que él, y quien le sobrevivió. Ejecutó muchos papeles de gracioso en estrenos de obras bretonianas. En 1840-1841 se ocupó de los papeles de Lupercio en *La ponchada*, de Ciriaco en *Dios los cría y ellos se juntan*, del coronel don Pedro en *Cuentas atrasadas* y siguió en la compañía con Romea los años siguientes.[5]

LAMADRID, Teodora [Ortega Hervella Cano] (Zaragoza, 26.XI.1820 / 22.IV.1896, Madrid): Hija de Jerónimo Ortega Hervella Lamadrid y de Juana María Cano, hermana menor de Bárbara, comenzó su carrera dramática en Madrid, al ser embargada su hermana mayor en la temporada 1832-1833. En el contrato conjunto con su padre y con Bárbara, se especificaba que debía hacer personajes de ambos sexos. Salió por primera vez a escena con un papel de entidad en *La hermanita*, traducción bretoniana en la que encarnaba a Amelia. Según Calvo Revilla, «ni su color, oscuro, ni sus facciones varoniles, ni su voz la favorecían», y sin embargo, en su opinión era una de las mejores actrices de

---

[4]   FERNÁNDEZ GARCÍA, Matías, *Parroquia de San Sebastián: algunos personajes de su archivo*, Madrid, Caparrós editores, 1995, pp. 312, 333; AHPSSM, LB [Libro de Bautismos] LXVI, «María del Pilar», f.º 88v.; AVM SC E 1-99-21, «Expedientes, oficios y otros documentos pertenecientes a los teatros de la Cruz y el Príncipe de la propiedad del excelentísimo Ayuntamiento de esta villa y año expresado, 1828»; AVM SS E. 4-67-116, «Teatros. Doña Juana Manero solicitando su viudedad, 1847».

[5]   AVM SS E 2-479-4, «Sobre los años de servicio de Antonio Guzmán, 1835»; AVM SS 3-384-15, «La sociedad del Príncipe pide que se deje trabajar a Guzmán sin perjuicio de su jubilación, 1839»; AV SC E 1-99-21, «Expedientes, oficios y otros documentos…», *op. cit.*; 9-499-22, «Relación de los años…», *op. cit.*; AVM SS E 4-185-23, «Tres reales diarios a María Vives, viuda de Antonio Guzmán, 1857».

su tiempo, y tenía un gusto exquisito para vestirse. Hizo de Teresa en *Un agente de policía*, del estudiante don César en *El hombre gordo* y, parece ser, de Rosalía en *Por la novia y por la dote*. Se le asignó el papel de la jovencita Jacinta en *¡Una vieja!* y el de Carlota en *Lances de carnaval*. En la temporada 1840-1841 ejecutó los papeles de la criada con ínfulas en *El cuarto de hora* y el de la hija adoptada Eulalia de *Cuentas atrasadas*. Se casó el 8 de octubre de 1841. El 8 de julio de 1842 dio a luz a su primer hijo, Ricardo. El 24 de diciembre de 1846 nacería su hija Enriqueta. Fue maestra de interpretación de María Guerrero en 1885, año en que reapareció en los escenarios para encarnar a la protagonista del drama *La ricahembra,* en una función de beneficio para las víctimas de un terremoto habido en Loja.[6]

LLORENTE, Jerónima (Añover de Tajo, 30-IX-1792 / 25-I-1850, Madrid): Según Luis Calvo, primero actuó en el teatro de la isla de León. Según Pascual Lavilla, con quince años debutó en el Teatro del Príncipe como parte de por medio o actriz supernumeraria. Tiempo después, bajo la dirección de Juan Grimaldi, se presentó con un papel de dama joven, y el público la rechazó. Grimaldi le propuso entonces salir a escena para representar a una vieja con peluca blanca, y triunfó. Estando contratada como segunda dama con obligación de suplir a las primeras en el Teatro de la Cruz en 1823-1824, pasó luego a desempeñar estos papeles en el Teatro del Príncipe desde la temporada 1824-1825. Se le pagaba como a parte principal de la compañía y se le asignaron distintos personajes en obras arregladas por Bretón para la escena. La condición impuesta por Ignacio Tadeo Gil para la temporada 1829-1830 respecto a que había de trabajar en la misma ciudad que su marido Florentín Hernández, también dedicado al teatro como segundo galán, impulsó a las compañías a contratarle a él como apuntador y más tarde sería en algunas temporadas socio-empresario de los teatros. Así, Jerónima pudo seguir encarnando personajes de Bretón y más tarde lograría que se contratara también a sus hijos. En las obras originales del comediógrafo, interpretó a la Discordia en el estreno de *El triunfo del Himeneo* y a la abandonada esposa Paula en *La falsa ilustración*. Al poco de comenzar la temporada 1831-1832, se vio aquejada de un «tumor escorbútico», perdió parte de la dentadura y se jubiló. Pero, tras morir la actriz Concepción Velasco, que se encargaba de los papeles de características, madres y confidentes, por una solicitud expresa y especial del Ayuntamiento volvió a trabajar en la temporada 1833-1834 para sustituirla. Así, hizo de madre de Cecilia en *El pro y el contra*, de Ramona en *El hombre pacífico*, de la patrona doña Isabel en *El poeta y la beneficiada*, de doña Liboria, madre de la protagonista de *Un novio para la niña*, de doña Quiteria en *El hombre gordo*, de actriz impertinente en *La redacción de un periódico*, de la pesadísima tía de Carlota, doña Leoncia, en *El amigo mártir,* de la metomentodo doña Macaria en *Medidas extraordinarias*. También se le asignaron papeles subalternos, como el de doña Casilda en *Elena* o el de la dormilona madre de Pilar, doña Eustoquia, en *Todo es farsa en este mundo*. Haría de la criada Úrsula en *Las improvisaciones*, de viuda ya madura con ganas de volver a casarse en *El ¿qué dirán?*, de doña Celedonia en *Un día de campo*. Para ella creó Bretón el papel de la protagonista de *¡Una vieja!* y haría de la marquesa de Valfumoso, aspirante a suegra de

---

[6]   CALVO, Luis, *Actores célebres…, op. cit.,* pp. 95-106; FERNÁNDEZ GARCÍA, Matías, *Parroquia madrileña de San Sebastián…, op. cit.,* p. 301.

don Frutos, en *El pelo de la dehesa*. En la temporada 1839-1840, interpretó el papel de la liberal doña Librada en *La ponchada*. En *El cuarto de hora*, volvió a interpretar un papel de vieja con ganas de casarse, tía de la protagonista; luego, el de la vulgar Macaria de *Dios los cría y ellos se juntan*, y el de la abandonada Sebastiana de *Cuentas atrasadas*. Según Calvo, «era tan modesta que admitía y escuchaba cuantas observaciones le hicieran y tenía facultades y talento para hacer todo género de papeles, de joven, de vieja, de carácter grave y de picaresco». A su juicio, no había característica mejor por su naturalidad en el decir, en la acción y el gesto. Falleció de una apoplejía.[7]

NORÉN, Elías [de Gumucio] (Bilbao, c. 1794 / ¿?): Hijo de Francisco Gumucio y de María Martínez. Se le contrató como segundo barba en el Teatro de la Cruz en la temporada 1823-1824, momento en que adoptó el apellido artístico de Norén, para evitar las persecuciones políticas que sufrían los adeptos al anterior gobierno constitucional. En 1825 ascendió a primer barba para papeles de carácter noble y otros análogos. La temporada siguiente se marchó al Teatro de Barcelona y luego a Cádiz. Desde 1827, por acuerdo de la Junta de Teatros trabajaría en los dos teatros principales de Madrid alternativamente. Casado con Francisca de Topa y Cubell [la actriz conocida como Francisca Camino], quedó viudo y sin hijos el 24 de octubre de 1831. Volvería a casarse, esta vez con Manuela Rodríguez López, de veintinueve años, el 27 de septiembre de 1837. Encarnó papeles secundarios de obras bretonianas. Trabajó en Cádiz la temporada de 1834-1835 y en Valencia la de 1835-1836. Al agravarse sus problemas de hígado, se jubiló aquel mismo año. Figuró como representante de los jubilados las temporadas siguientes, y volvería a los escenarios principales de Madrid para hacer papeles de anciano las temporadas 1840, 1841, 1843. Interpretó el papel de Ginés en *La ponchada*. En 1844 volvió de Sevilla, donde había permanecido unos meses, por lo mal que le venía su clima, y solicitó ser incluido en las nóminas de jubilados. Volvió a trabajar en 1845 y 1846, para jubilarse definitivamente en 1847.[8]

PARRA, Trinidad: Fue alumna del Conservatorio de María Cristina. Según Cambronero, estuvo la temporada 1837-1838 en el Teatro Buenavista. En la de 1838-1839 la contrataría Pastor. Ejecutaría entonces los papeles de Ramira en el estreno de *Flaquezas ministeriales* y Juana en el de *El ¿qué dirán? y el ¿qué se me da a mí?*, así como el de Mercedes

---

[7] Archivo Parroquia Santa Ana (Añover de Tajo), LB XI, f.º 221 recto. CALVO REVILLA, Luis, *Actores célebres…, op. cit.*, pp. 167; PASCUAL LAVILLA, Isabel, «A propósito de *Una actriz en miniatura* (1880)», *Stichomythia*, 8 (2009), pp. 127-137; AVM SS E 4-6-30, «Licencia concedida a la actriz doña Jerónima Llorente para contratarse en cualquier teatro, 1844»; AVM SS E 2-481-8, «La actriz del teatro del Príncipe Jerónima Llorente, sobre que se la incluya en la nómina de jubilados, 1839»; AVM SS E 9-499-22, «Relación de los años…», *op. cit.*; AHPSSM, LD [Libro de Difuntos] XLV, f.º 44v.

[8] AVM SS E 3-410-24, «Obligaciones y contratas, actores y actrices, 1830»; AHPSSM LD XLIII, «Francisca», f.º 134 recto; AHPSSM LC XL, «Elías Gumucio – Manuela Rodríguez», f.º 275v; AVM SC E 1-186-48, «Elías Norén, actor de los teatros, pidiendo su jubilación»; AVM SS E 2ª-481-50, «Jubilación solicitada por el primer actor Elías Norén, 1835»; AVM, SS E 4-6-35, «Teatros. Sobre inclusión en la nómina de jubilados al actor don Elías Norén, 1844»; AVM, SS E 4-67-113, «Teatros. El actor don Elías Norén sobre que se le reconozca por el apellido Gumucio, 1847»; AVM SS E 9-449-22, «Relación de años…», *op. cit.*

en el de *Un día de campo*. Permanecería en las compañías principales en clase subalterna. De hecho, en 1841 percibió cuatro mil reales por su trabajo. Se le encomendó el papel de la criada Ruperta en *Dios los cría y ellos se juntan*. Parece que se retiró en 1846. Se casó con Mariano Romea Yanguas, hermano de los famosos actores, con quien tuvo tres hijas, Laura, María y Trinidad, y un hijo, Julián, nacido en 1848, que trabajaría como actor en Madrid desde 1870.[9]

ROMEA YANGUAS, Florencio (Alcalá de Henares, 1817 / 7-XI-1882, Madrid): Hijo de Mariano y de Ignacia de Yanguas, hermano menor de Julián y mayor que María del Pilar Zoila, fue alumno de la Escuela de Declamación de María Cristina desde 1831 y debutó el 10 de octubre de 1834 después de examinarse minuciosamente sus posibilidades. Desde entonces permaneció en las compañías de Madrid hasta 1839, en que realizó una gira por Andalucía en la de su hermano. Volvió la siguiente temporada y trabajaría en Madrid hasta 1857, para reincorporarse en 1866 hasta 1871. Encarnó galanes bretonianos como el del conde enamorado de Victorina en *Elena*, el del ridículo y falso romántico don Faustino en *Todo es farsa en este mundo*, el de Buckingham en *Los hijos de Eduardo*, el de Valentín en *Lo que es y lo que será*, el de Camilo en *Las improvisaciones*, el de joven y noble enamorado don Ignacio en *El ¿qué dirán? y el ¿qué se me da a mí?* En la temporada 1840-1841 interpretó el papel de Vigil en *La ponchada* y el de don Antonio, amigo del protagonista, en *Dios los cría y ellos se juntan*. El 28 de abril de 1847 se casó con Josefa María Varela, llamada Josefa Palma en las compañías. El 7 de septiembre del mismo año nació su hijo Álvaro y el 21 de julio de 1852 su hija Josefa. Murió ya retirado de la escena, pero aún dando clases como maestro de declamación donde había sido discípulo. Aparte de criticársele en sus primeros años por ciertos defectos en su expresividad corporal, se juzgaba que cierto tonillo le había impedido en parte ser un gran actor como su hermano.[10]

ROMEA YANGUAS, Julián (Aldea de San Juan, Murcia, 16-II-1813 / 10-VIII-1868, Loeches): Se inició en la carrera teatral participando en comedias caseras en marzo de 1831.[11] Desde 1832 figuró como alumno del Conservatorio y fue contratado de modo excepcional el 18 de abril de 1833 sin concluir los estudios en aquel. Hizo papeles de galán joven, como el del arrogante pretendiente Fulgencio en *Un novio para la niña*, el del marqués enamorado de *Elena*, el de Luis en *El pro y el contra*, el del juerguista Esteban en *El hombre gordo*, el del pretendiente don Evaristo en *Todo es farsa en este mundo*. Se casó por poderes el 28 de octubre de 1836 con la actriz Matilde Díez y el 28 de junio de 1838 nació su único hijo, Alfredo. En ese tiempo, encarnó al agorero don Froilán en *Muérete... ¡y verás!*, al Julián de *Lo que es y lo que será*, a don Luis en *Las improvisaciones*, al

---

[9]   CAMBRONERO, Carlos, *Crónicas del tiempo de Isabel II*, Madrid, La España Moderna, 2013, p. 55.

[10]   AVM SC E 1-78-45, «Antecedentes relativos acerca del ajuste de Florencio Romea Bayona [sic] para trabajar en los teatros de la capital, 1833»; FERNÁNDEZ GARCÍA, Matías, *Parroquia madrileña de San Sebastián...*, *op. cit.*, p. 192; FERNÁNDEZ BREMÓN, José, «Crónica general», *La Ilustración Española y Americana*, XLII (15 de noviembre 1882), p. 282 [281-282].

[11]   AVM SC E 1-65-60, «Comedias caseras, 1832». AVM SC E 1-120-29. «Oficios y otros antecedentes relativos a los teatros de la Cruz y Príncipe de esta Corte y año expresado, 1833».

novio burlado Miguel de *Una de tantas*, al simple Alejo en *Ella es él*. También interpretó personajes perversos, como el del hipócrita duque de Glocester en *Los hijos de Eduardo* o el del rey protagonista de la acción en *Don Fernando el Emplazado*. En la temporada 1840-1841, protagonizó más estrenos de Bretón: fue el capitán don Marcial en *La ponchada*, el poeta escribiente y profesor tímido, pobre y enamorado en *El cuarto de hora*; el joven don Luis en *Dios los cría y ellos se juntan*; el ya no tan joven Leoncio de *Cuentas atrasadas*. Escribió poesía y fue profesor del Conservatorio.

SANTA COLOMA, Juan: Contratado en la temporada 1840-1841, hizo el papel de un criado en *Dios los cría y ellos se juntan*.

SOBRADO Y GOYRI, Pedro Niceto de (c. 1806 - 1862): Empleado de comercio y subteniente durante los primeros años de la Primera Guerra Carlista, se inició en el mundo teatral por afición, en el teatro casero del escribano Tadeo Martínez situado en el número 24 de la calle de las Urosas, que en la primavera de 1832 contó con él a la hora de pedir la licencia. En el mismo grupo figuraba José Patón, notario de vicaría, seguramente el mismo que firmó algunos permisos de censura. Parece ser que participó en alguna función Julián Romea. Descubierto por el público y los empresarios durante una función patriótica, fue contratado inmediatamente para papeles de galanes. Hizo de Ventura en *El plan de un drama*, y tomó parte en varios estrenos más de Bretón, casi siempre interpretando a personajes dotados con cierta personalidad, como el alcalde en *El hombre pacífico* o el médico en *Don Fernando el Emplazado*. También interpretó papeles de personajes vinculados de una u otra forma con el ejército, como el joven capitán Marcelo de *Ella es él*. Igualmente, a veces se le encomendaron papeles de galanes algo rústicos o toscos, como el de Mauricio en *Medidas extraordinarias*. Fue también el barón en *Flaquezas ministeriales*, el marqués del Pozo-Frío en *El ¿qué dirán? y el ¿qué se me da a mí?*, Liborio en *Un día de campo*, el pretendiente de Remigia escaldado, don Luis, en *El novio y el concierto*. En 1840 ejecutó el papel de don Ambrosio en *La ponchada*, el del pretendiente andaluz en *El cuarto de hora*, el del soldado Gabino en *Dios los cría y ellos se juntan*. Se casó con María Manuela García y tuvo al menos tres hijos: Eduardo, nacido en 1834, Matilde Tomasa Manuela, nacida en septiembre de 1837, y Natividad, en 1839. En 1842 vivía en la calle del Lobo, declaraba tener treinta y seis años y estar casado. En 1848 se le acusó de tomar parte en los sucesos revolucionarios del mes de marzo, motivo por el que fue detenido y no se le pudo contratar en las compañías principales de Madrid. Fue confinado a Galicia, pero volvió la siguiente temporada a la capital, y permaneció en los teatros hasta su fallecimiento en el pueblo de Barajas, en diciembre de 1862.[12]

---

[12] Ibídem; E. N., «Necrología. Romea», *La Nación*, 581 (15 de agosto 1868), p. 1; AHPMSS, LB 71, 79vuelto; LB 72, 108recto. AVM SS E 3-393-89, «Doña Casilda Álvarez, viuda de don Ángel López, actor de los teatros, solicitando su viudedad, 1842».